父母教练 | Parenting
推动摇篮的手推动世界

[美] 玛丽·马斯特森

[美] 凯瑟琳·克西 / 著

彭小华　赵斌斌 / 译

积极养育

和孩子共建亲密关系

长江出版传媒 | 长江少年儿童出版社

图书在版编目（CIP）数据

积极养育 ：和孩子共建亲密关系 / （美）玛丽·马斯特森，（美）凯瑟琳·克西著 ；彭小华，赵斌斌译. —武汉 ：长江少年儿童出版社，2022.6
ISBN 978-7-5721-2660-4

Ⅰ. ①积… Ⅱ. ①玛… ②凯… ③彭… ④赵… Ⅲ. ①少年儿童—家庭教育 Ⅳ. ①G782

中国版本图书馆CIP数据核字(2022)第050760号
著作权合同登记号：图字17-2018-005

JIJI YANGYU HE HAIZI GONGJIAN QINMI GUANXI
积极养育：和孩子共建亲密关系

[美] 玛丽·马斯特森 [美] 凯瑟琳·克西 / 著
彭小华 赵斌斌 / 译
责任编辑 / 蒋 玲 黄 琼
装帧设计 / 钮 灵 美术编辑 / 雷俊文
出版发行 / 长江少年儿童出版社
经 销 / 全国新华书店
印 刷 / 深圳市福圣印刷有限公司
开 本 / 787×1092 1 / 16
印 张 / 17.5
印 次 / 2022 年 6 月第 1 版，2022 年 6 月第 1 次印刷
书 号 / ISBN 978-7-5721-2660-4
定 价 / 49.80 元

Enjoying the Parenting Roller Coaster: Nurturing and Empowering Your Children Through the Ups and Downs

---

策 划 / 海豚传媒股份有限公司
网 址 / www.dolphinmedia.cn 邮 箱 / dolphinmedia@vip.163.com
阅读咨询热线 / 027-87391723 销售热线 / 027-87396822
海豚传媒常年法律顾问 / 湖北申简通律师事务所 陈刚 18627089905 573666233@qq.com

序 言 | Preface

无论你是渴望了解孩子的新晋爸妈，还是经验丰富、想与家人建立更为和谐的家庭关系的父母，抑或是正在绝望中挣扎的家长，这本书都值得你一读。

此书会给你启迪，给你实际的帮助，让养育孩子成为一种快乐。它将使你在养育孩子的过程中，不会陷入挫折的怪圈，能把挣扎抛在脑后，并帮助你让孩子学会合作和尊重。同时，它会向你展示，你将最大限度地影响你和孩子的关系，并成为最好的自己。

书中的每一章都提供了快速解决问题的方法和给予你帮助的策略，这些策略向你展示了什么方法有效，并以父母的视角分享日常的那些挑战时刻和成功经验。每部分都会给你有力的工具和资源，帮助你重新充电，提高技能，并给予你可以现学现用的话语、行为和活动。这些实用的建议，将会积极地影响你的日常生活、你与孩子的关系以及你与身边重要人物的关系。你可以一次只查看一小节，也可以挑出符合你育儿需要的部分，按章节研究。在阅读过程中，你会发现本书中注重尊重和关系的养育哲学将会改变孩子和你自己的生活。

目 录 | Contents

第一章 坚定你的养育观念 001

开启探险之旅 001

掌握科学的照料与喂养方法 004

洞察自身的情绪 007

理解你的影响力 010

处理艰辛的育儿工作 012

安度过山车之旅 015

克服紧张情绪 017

积极应对，开始崭新的一天 021

允许自己不完美 022

拥抱你的个人风格 027

第二章 培养情感的连接区 032

培养与孩子的连接区 032

有目的的连接 035

享受养育的过山车之旅 036

促进依恋关系 040

建立安全的关系基础 043

想办法安慰孩子 045

让孩子获得充足的睡眠 047

享受日常过渡阶段的乐趣 052
设置事件的优先顺序 055
建立与养子女的关系 057

第三章 做好成功的准备 061

制定好规则并做决定 061
花时间引导孩子 064
保持一致性 067
牢记孩子的发展规律 071
提前做好规划 075
安排一个可行的制度 077
给予及时关注 080
电子产品的合理使用 083
处理孩子的纠缠 086
培养能力 089

第四章 采取有效的积极引导 092

什么是积极引导 092
实践积极的观点 096
辨识妨碍成功的行为 099

取代而不是制止不当行为 102
让孩子走向合作 104
转移焦点，向前看 110
从孩子的角度看问题 114

第五章 培养孩子的责任感 118

培养小帮手 118
巧妙地使用词汇 124
真实地表达情感 129
培养孩子的独立性 134
激励努力 136
鼓励自我指导 140
激励创造性 143
培养天赋和才艺 145

第六章 领会抗挫力 148

什么是抗挫力 148
管理风险 150
从困难中汲取力量 153
看到事物的本来面目 155
干预取笑和霸凌行为 158
如何应对失败 163
在变化中游刃有余 164
欢迎家庭的新成员 168

应对疾病 172
经历悲痛和失去 174
离婚后重振生活 177
对人生旅程的反思 181

第七章 扭转各种僵局 184

触发情绪时，找到解决方案 184
充满信心地应对亲子危机 188
安抚情绪失控的孩子 189
善于利用环境 192
重新设定活动以及充分利用精力 196
平息兄弟姐妹间的争斗 198
怎么应对孩子咬人和打人的行为 201
解决自我照顾的问题 204
大力支持孩子的积极行为 210

第八章 塑造良好的品格 214

给孩子灌输积极的价值观 214
激活孩子的同理心 217
鼓励善良 221
激发勇气 223
耐心等待 227
确保诚实 230
练习感恩 235

助人为乐 239
让孩子和你合作 241

第九章 做最好的自己 244

创建家庭身份 244
牢记你的终极目标 248
积极面对与伴侣的冲突 251
及时给予鼓励 254
享受家庭的乐趣 256
了解你的孩子 259
保持紧密的连接 261
学会放慢节奏 264
专注积极的一面 267
回顾过去，展望未来 269
瞄准未来，继续前行 271

第一章

坚定你的养育观念

开启探险之旅

成为妈妈的那一刻，心灵好似受到爱的撞击，剧烈程度前所未有。然而一开始，你可能会感到不知所措。除了来自他人的压力外，更多的时候，你给自己施加的压力太大。你可能等待了好久，你希望自己方方面面都做得尽善尽美。然而，最初的几周，你最好把各种计划搁在一边，试着放轻松，争取多睡点儿觉，去尽情享受与宝宝依偎的时光。其余的自会水到渠成。*

也许你刚经历了长达30小时的分娩过程；也许你经过数月的计划才拿到领养文件，刚把你的孩子从另一个国家接到身边；也许你已

*编辑注释：本书作者未指出引语本源，引用的目的是提供个人对养育的看法。作者无意指明提出这些看法的特定个人，这些看法是对许多父母回答的总结，反映了很多人的共同看法。

经有几个孩子了，他们需要你付出非凡的精力，让你忙得脚不沾地；也许你收养的孩子，他们需要更多的耐心和关爱；也许这个孩子来得特别不是时候，打乱了你的计划……无论是什么样的情境，我们发现，为人父母之旅一旦开启，生活就随之发生剧变。

也许你听到了各种各样的建议：按需喂养；按时间表喂养。宝孩子一哭要马上安抚；孩子不能一哭就抱起来。孩子醒着的时候，把他放到床上；孩子哄睡着了再放下。轻轻摇晃孩子；不要摇晃孩子，否则换了别的方式就睡不着……抚养孩子，父母不仅难在缺少抚养手册，还在于，听到的建议往往相互矛盾。

如果你身边已经有当妈妈的好友，你可以观察她们在做些什么，把你喜欢的做法记下来，有些做法你不认可，可以不采纳。你也许怀疑自己是否具备当好妈妈的素质，你也许希望分娩课提供更多的资讯：去教你如何做个好妈妈——特别是在孩子降临以后。当你家可爱的小宝宝长成爱发脾气的学步小孩儿、不听人劝的学前班儿童、有自己态度的8岁小人儿时，你也许希望知道该怎么办。

随着孩子一天天长大，父母往往会耗费大量精力去阻止他们的不当行为。但往往是今天阻止了，明天又开始了。这让父母常常陷入负面情绪和挫败感的循环之中，却从未想过另辟蹊径。在餐馆和商场，我们对这样的一幕或许习以为常：父母无计可施，孩子满脸沮丧。很多人以为，让孩子举止得体，关键在于孩子。其实，父母的一言一行，都对孩子有巨大的影响。可以说，父母的言行时时刻刻影响着孩子的反应。为了让孩子做自己该做的事，并能在必要的情况下迅速扭转局面，你需要有效的技巧。

借助积极的关系指导，你可以学会更好地陪伴孩子，激发并促进孩子的成长；你会懂得如何达成亲子合作，形成必要的优势，而不是陷入权力斗争。孩子也会学会跟你配合，易于受你影响。你可以花更少的精力，和孩子达到“共赢”的状态。无形中额外获得的结果更是无价之宝——积极的引导能调整你在孩子生活中的角色，你会成为你真正想要成为的那种家长——愉快且自信的家长。孩子也对自己感到满意，并且他会有自己的方向和目标，不需要你花那么多时间去关心他的行为问题。相反，你可以用更多时间去实现自己真正的目标——给孩子权力，让他以健康而有意义的方式，掌控自己的人生。

当了妈妈后，夜间睡不成囫囵觉，同时还要承担那么多责任，这使得你感到茫然无措。所以你更需要时刻保持清晰的头脑——你对孩子的生活有着巨大的影响。明白了这一点，也就开启了你所向往的养育之门，开启一场令人满意的、成就感满满的养育冒险历程。等多年以后，你回首这段岁月就会发现，只有一件事至关重要：和孩子建立亲密且充满爱的关系，将使你们的一生紧密相连。

掌握科学的照料与喂养方法

> 第一个孩子出生后，我内心种种情绪的挣扎和身体的疼痛也因此加剧。我意识到，学习的人不只是我，我的小宝贝也在努力。有位朋友提醒我，这个时期妈妈得有很大的耐心和弹性，要花些时间去调适。当你站在“养育是我和孩子需要一起解决的问题”的视角去看待这一切时，你会获益匪浅。

有些人觉得，养育孩子是自然而然的事情，无须费神；还有一些人觉得需要花点儿时间，去摸索正确的模式和方法。每个人都需要自己觉得舒适的空间、隐私范围和帮助，你对自己的选择越有安全感，你才越可能放松和适应。但成功的关键在于，你要意识到你的做法可能有别于他人，这需要围绕实际问题做决定，但只要对你和家人最有效，就是好的。

首先，我们需要养成正常的节奏，这需要时间。有些事情在你的影响力之外，但也有很多事情在你的控制范围以内。我们不妨默想一下，哪些事情至关重要，哪些事情无关紧要。如果你放弃细枝末节，持有的期望具有现实性，那事情就会容易得多。

当你感觉疲惫、烦躁，想要停止混乱的时候，你需要一个可行的行动方案。这时，如果有一些实际的可行步骤，你的感觉就会好得多——尤其是在孩子降临之后的前 6 周。这时候你需要把注意力放到基本内容上，确保你能兴致勃勃地做事，而不是勉强度日。接下来的策略，对于新晋妈妈来说必不可少，孩子大了以后，它们也仍然有必要。

- **采取应急计划，更新措施。**5 分钟的休息就可以让你的身体、心智及精神得到恢复。聆听让你心情愉悦的音乐；在浴室里放一本励志书；一有机会就小睡一会儿；按时进食和补充水分，这样你可以获取营养，恢复状态。
- **保持良好沟通。**让身边的人有效地配合你，这需要练习。你可以提前和伴侣谈谈，让他知道哪些方面最能帮到你；积极地了解自己的需要，如果你在意某件事情的做法，就直接说出具体想法，直截了当地让别人以有效的方式支持你。你会发自内心地因此充满感激。
- **如果需要帮助，大方求助。**无论是需要人跑腿，还是需要人送饭，你一定不要等到绝望或情绪恶劣的时候才发出请求。如果某天某事不顺利，你可以快速做出调整，先满足自己内心的需要，而不是空怀情况会改变的希望，重复昨天的计划。时刻记得积极的心态会改变一切。
- **有什么问题，大胆地说出来。**同月嫂或医生交谈时，不要犹豫迟疑。尽量详细描述你的观察，询问自己希望了解的情况。如果遇到不理解的地方，你可以问到理解为止。因为足够的知识和资源，有助于你为孩子的健康和幸福进行有效的规划。

- **保护你对空间的需要。**如果你需要保护隐私，一定要提出来。比如，孩子刚出生或者刚（从医院）回家，如果你不希望马上有访客，不妨说“感谢关心，我期待着以后尽快与你见面”。因为不是每个人都可以在有旁人在场的情况下，轻松自如地做好事情。为了保存自己的精力，你需要设定边界。
- **充分利用各种资源来获取信息和鼓励。**当遇到困境时，你可以求助产后服务中心、儿童和家庭服务机构、社区居委会等，或者找到适合你风格的网站，去利用各种可用的资源，获取养育信息、灵感和鼓励。
- **做笔记。**记录有关孩子喂养和睡眠情况的数据，并且总结哪些做法有效，哪些不可行。写下你想到的问题，和想要做的事情。孩子生病时，详细记录细节。造访儿科医生，或者征求他人意见时，这些记录可以派上用场。
- **建立关系。**养育不是单打独斗的一件事，对你来说，周围有朋友很重要。如果你才搬到新环境不久，可以与一些你尊敬的妈妈交朋友。在你的做法行不通，事情进行得不顺利的时候，你需要有个支持系统，进行思想碰撞，分享目标，交流心得。所以，培养友谊，保持深厚的感情，你会获得更大的乐趣，以及解决问题的有益方法。

- **多笑笑。**好比衣物上沾了脏东西，除了换一件继续前行外，没有别的办法。这个认识对于新手妈妈非常重要。笑一笑，提醒自己，这件事也会成为过去。笑会释放积极的内啡肽，遇到有挑战性的情况时，你会感觉好些。

从照顾和喂养方式开始，尊重你自己的需要，为自己和伴侣的持久健康和幸福建立可行的模式。时刻保持清晰的认识，这样，你会保持对孩子和自己的觉知、敏感。

洞察自身的情绪

> 在我成长的过程中，每当晚餐的时候，我们一家人就会进行愉快的交谈。一旦有人开始谈负面的事情，我爸爸就会清清嗓子，这样我们就知道，此时需要改变话题。我热爱那样受保护的空间。

许多人都有想要效仿的家庭，但你可能担心自己不具备给予孩子期望的全部条件。可能你曾经见过“坏”的榜样，又或者他们无法给予你真正需要的爱和滋养，你不希望成为他们那个样子。不管你曾经有什么样的家庭背景，现在你都可以成为一个好妈妈。你从个人生活中学到的教训可以给你决心，去创建一个强有力的健康家庭。

每个家庭都是独一无二的。也许在你成长的家庭里，每个人都衣着保守，而现在跟你结婚的这个人洗澡后甚至连毛巾都不裹，就在家里跑来跑去。也许你能开诚布公地谈论感受，你的亲密伴侣却沉默不语，或者拐弯抹角；也许你脾气暴躁，而在你认识的人中，你的伴侣却最有耐心；也许你和家人有着亲密、安全的关系，但此时你真的需要彼此之间保持更多的距离……无论如何，当你需要决定什么方式最合适时，回顾过去，你会获得巨大的洞察力。

有些人在儿童时代受过虐待。有位爸爸回忆说：“我想，那时候父母之所以打我屁股，是因为他们没别的办法，他们错误地以为那个方法有用。实际上恰恰相反，我感到受伤、愤怒。我现在想用尊重和爱的方式抚养我的孩子，而不是采用让她们感到痛苦的方式。我的孩子一个 4 岁，一个 8 岁，我从没打过她们的屁股。她们是最可爱、最体贴的小姑娘。我非常高兴我改变了我父母养育我的模式，我们一起实现了改变。”

还有位妈妈说：“小时候，我遭到哥哥弟弟的取笑，所以我决心保护自己的孩子。我妈经常挑剔我的发型和衣着，所以我让我的女儿尽情地去表达自我。我的父亲常以沉默的方式对待我们，尽管我发誓自己永远不会那样，可我发现，我一生气也会沉默。我想改变这种亲子模式。”

而另一位妈妈分享了这样一个观点：“小时候，我没有母亲，我的童年充满了焦虑。当了妈妈以后，我意识到朋友们都在努力模仿她们的母亲，我却可以自由地跟孩子们建立对我们有益的关系。我从不讨厌哄孩子睡觉，不会厌倦睡不成觉的那些夜晚，因为我明白得不到照顾的那种滋味。因为过去的原因，我对今天的每一刻都充满感激。我欣赏我的儿子们，喜欢培养他们。虽然我没有得到我想要的爱，但我有机会把爱给孩子们，我非常珍惜。”

没错，做了妈妈后，你有机会选择你自己的模式。你可以创造你想要的生活，成为你渴望成为的那种人，可以和你的伴侣及其他协助你抚养孩子的重要人士，进行积极沟通，共同找到一条适合你们的道路。真正重要的是，你带给大家稳定的信念、希望和爱。

除此之外，你可以写日记，把养育中进展顺利或不顺利的经历写下来。有些父母会写诗，或者祈祷，以此来表示自己的希望和决心。如果你发现自己想要理解或需要解决频繁出现的问题，或者想要疗愈自己过往的痛苦经历，那么，不妨找个好朋友倾诉，或者求助专业咨询师。因为当你决心成为一个真正优秀的榜样时，你的孩子就会受益。

> 以对待生活中其他重要人士的方式对待孩子，以你希望孩子对待你和其他人的方式对待他。说话之前想一想，你希望他怎样对你说那件事。

理解你的影响力

> 在我成长的过程中，电影《胡桃夹子》和一些传统节日的记忆对我有重大意义，我想我的孩子们也是这样。我第一次带女儿去滑雪，临出门时，我非常紧张，当一家人一起挤进雪橇，马都跑起来时，我的紧张情绪还是挥之不去。女儿抬头看着我，我感觉到她想看我是不是玩得开心。有时候你的计划听起来不错，但可能与现实大相径庭。

别人曾经对你说过的话可能导致你对自己充满同情。“我很放松，遇事时可以泰然处之，但一旦迟到，我就会感到非常焦虑！”一位忙碌的妈妈分享说，“我一直记得我小时候迟到时，爸爸生气的样子。现在我的孩子们迟到时，我尽量不用我爸爸的那种方式对待他们。”联想过去，可以给我们积极的决心，让我们和善地说话，用温和的态度对待自己和孩子。

唯有从心底尊重自己，才能真正尊重别人。这始于你对自己说话（和谈论自己）的方式。你可能在杂货店过道上喃喃自语：“我真是个白痴，把购物单忘在家里了。”在咖啡厅里，你可能会说：“我想要一块饼干，但吃了以后，就得多跑 5 千米。”如果你当着孩子的面说这种话，他就会看到你的状态，并把这些话听进心里。

相反，如果孩子听到你这样说，感受就截然不同了。“我把购物清单放家里了，你可以帮我想想我们需要什么。”或者，在咖啡厅的时候，你这样说：“我一直期待着和你在一起的机会。你要不要给自己选一块饼干，同时给我也选一块？你选什么我都喜欢。”如果我们都能这样说话，这世界将会充满积极的尊重。

我们要时刻注意的是，孩子们会内化他们听到的信息，特别是父母的话语。你的肯定、批评都会成为他们内在的声音。他们会记得带给他们能量或带给他们无能感的经历。他们会以我们不经意间呈现的模式为基础，内化同理或者抱怨的心态。认真思考你的反应方式，使之具有目的性。父母要认识到自身的行为和话语，将会影响孩子正在形成中的人生观，这一点非常重要。

有位爸爸说：“尊重孩子，说起来似乎很简单，其实不然。作为家长，你觉得自己是领导者，你说什么就是什么，孩子必须服从。但你的孩子是一个有着小小灵魂的人儿，你说什么做什么，他都听入耳中，看在眼里。”

以你希望别人对待你的方式去对待孩子，给他们尊重和善意。要做到这一点，你需要重新设定你的内在声音，将其调到同理和接纳的模式。你可以写下一个积极的肯定，放在看得见的地方，提醒自己要保持尊重的态度。对孩子的接受和珍视，始于对自己的接受和珍视。

当了妈妈以后，我们可能会受到激励，会对自己的生活方式更加诚实，更加深思熟虑。因为我们知道，自己会留下一份具有持久性的遗产，这会影响到孩子的人生方向。就像把一只手摁进未干的水泥中，我们会留下或积极或消极的印象，这些印象会随着时间的推移而固化，我们影响着孩子对自己和世界的看法。**积极养育的核心要旨，就是在孩子的生活中，始终彰显你的影响具有的奇异力量。**

处理艰辛的育儿工作

> 孩子们快把我逼疯了。他们已经连续在家待 3 天了，他们上蹿下跳，时刻不停，我好想对他们大喊大叫。当他们百无聊赖时，我一筹莫展。当妈真难啊！

在你做过的所有工作中，也许养育孩子是最困难的工作之一。在一个普通的日子里，你需要在儿童餐椅下放一个塑料垫，以便接住孩子进食时掉落下来的食物；要洗的衣服堆积如山，保姆也打电话请病假了，你累得想要喘口气；3 岁和 5 岁的孩子不停地拌嘴吵闹，还有个小婴儿正在牙牙学语。面对这样的日子，你需要有钢铁般的勇气和决心。

更令人恼火的是，孩子们不断地向你提出各种要求，需要你安慰情绪、亲吻、擦屁股、找干净的衬衣、要干爽的睡衣，等等，你几乎没有喘息的机会。到了夜晚，你独自一人哄睡出牙的婴儿，早晨6点又被学龄前小孩唤醒。这时，你可能意识到，你需要付出的程度，超出了你的认知。

> 注意你的极限。需要的时候，及时寻求支持和帮助。不要等到情况失控，你开始晕头转向的时候才求助。

你很容易陷入日常生活的挑战中，有些日子会打破你的极限。孩子们有办法让我们知道，我们到底是什么样的人。他们暴露我们真实的勇气，促使我们深入挖掘，寻找力量和信念。当孩子的需求常常与你自身的需求相冲突时，你没有时间洗澡，不能清静地上厕所，你需要很大的灵活性，才能做出最好的决定，这时，你需要一个新鲜的视角，坚持你的优先顺序。你可能需要放弃计划，重新集中注意力，告诉自己怎么办。就像“勇敢的小火车头”那样，反复对自己说：“我想我能行！我想我能行！”直到度过那一天。明天，情况真的会好些。

千里之行，始于足下。有些时候，你觉得做父母不费吹灰之力，而另一些时候，你却感到自己力不从心。下面的观点可以助你找到新的力量和耐性，提醒你尽最大努力过好每一刻。

- **实事求是。**制订好计划，不要超额完成，顺其自然。
- **找人（或恳求）陪伴。**为了你的心理健康着想，可以请一位家庭成员或朋友到家里来当一个小时的帮手，让你有调整和休息的时间。

- **安排一个约会。**邀请另一位妈妈到家里做客，让孩子们在客厅自由玩耍和蹦跶，或者让另一位妈妈和你轮流陪伴照顾婴儿。
- **根据心情改变计划。**可以打破常规，带上午餐，到外面野餐。如果下雨，就在室内铺上毯子、桌布就餐。
- **有创意。**孩子的精力是无限的，你可以让孩子们在家穿上泳衣，把浴缸当成游泳池，假装度假；还可以给他们可水洗的蜡笔，让他们在浴缸和瓷砖上涂鸦；你甚至可以在白天举办睡衣派对，让孩子们在床上玩。
- **外出。**穿上夹克、外套，戴上手套，套上靴子，你可以把幼小的孩子放进婴儿车，在家的周围散散步。大一点的孩子，你可以带他们去图书馆、儿童博物馆，或者公园等地方溜达。为了呼吸一口新鲜空气，值得费这番周章，因为换个口味对大家都有好处。
- **带孩子有目的地出行。**带孩子参观宠物商店或动物园，让他们观察动物。对于幼儿来说，这样的出行会让他们学到很多知识。年龄稍大的孩子可以回家后画画，还可以和你讨论一起看到的动物。
- **休息一下。**带上毯子和枕头，和孩子一起窝在沙发上看书。还可以造一个堡垒，放上枕头，打上手电筒，和孩子依偎在里面。
- **找个帮手。**可以邀请大孩子当你的小帮手，陪你家小孩子玩几个小时。当你忙于必要的事务时，小帮手可以和你的孩子一起做手工、吃零食，或者帮你抱一下孩子。

- **抓紧时间睡觉。**如果你是新晋妈妈，建议你在孩子睡觉的时候也去睡觉；他们小睡，你也可以打个盹儿。也许此时你很想处理一些必要的事情，但在享受几分钟（或几个小时）幸福的休息之后，相信你能事半功倍地完成工作。

度过了艰难的一天后，下面的这种做法对你会有帮助——把注意力放在眼前的孩子身上，想想你想达到的结果；向他人伸出求助之手真的很重要，在育儿旅程中，你不是孤身一人，知道这一点，你会感到安心。

安度过山车之旅

当妈妈也许是你一生乘坐的颠簸最剧烈的情感过山车。有些时候，你觉得旅程遥遥无期；有些时候，你还没系好安全带，旅程就戛然而止了。拥抱当下吧，要知道，从你成为妈妈那一刻起，你已经永远地改变了。从此，你会不遗余力地思考，怎样做才能改善孩子的生活——不止当前，还有未来的生活。尽情享受吧，想哭就哭，多笑笑。一定要对自己有信心。记住，

孩子真正需要的，是你的爱。

有个 3 岁的男孩说："我知道妈妈什么时候生气了，因为她生气时是这样走路的！"他双手叉腰，大步流星地走过房间。他的面部表情跟妈妈如出一辙。如果你让孩子"扮作你"，模仿你的样子和说话时的语气，你会惊奇地发现，他们简直是天才！他们会完美地捕捉到爸爸妈妈的音容特征。

即便是我们中间做得最好的人，也希望纠正在挫折发生时做错的事，或者收回当时说过的错话。如果你对刚才发生的事感到气恼，孩子们马上就能感觉到。你会有很多机会考验自己的耐心，比如，厕纸被扯散了一地，起居室的墙上满是新蜡笔的涂鸦，漂亮的插花被蹂躏得七零八落……我们需要认识到自身的忍耐极限，准备用更好的方法处理这些事情。

> 孩子们会模仿我们的情绪和反应，他们也会模仿我们处理情绪的方式，所以你肯定想尽自己最大努力，为孩子树立好榜样。

当你感到生气或沮丧时，你可以说："对不起，我发火了，请原谅。真希望我刚才耐心点儿。"孩子不高兴的时候，你可以说："你心情不好，我很抱歉。我知道你在玩儿。我们一起读会儿书吧？"人在有压力的时候，得有更多的耐心才能处理好各种问题。

实际上，孩子很容易谅解我们，事态令人沮丧时，他们内心也很明白。

一定不要让自己处于情感崩溃的边缘，要保证积蓄力量和能量。因为当你冷漠疏远时，孩子们会更加黏你；当你情绪焦虑时，孩子们会更加不安；当你气定神闲时，你对每个人的态度都比较柔和，孩子们反应会更舒展，情绪会更稳定。所以先照顾好自己，你就可以处理好各种“跌宕起伏”。

克服紧张情绪

我给母亲发的三条短信是“对不起，我现在不能和你聊天。我正在拍家庭照，但艾登掉进了便池。”“稍后联系你，约翰在冲孩子们咆哮！”“救命啊！狗把桌上的晚饭吃了。”当我感觉我的紧张情绪都快冲破屋顶直达云霄了，这种时候往往就会出问题。问题出在我的耐心上时，我会非常懊恼。

财务问题引发的担忧，分身乏术所导致的恐慌，人际关系造成的烦恼，照顾孩子导致的睡眠不足……抚养孩子的压力日积月累，与日俱增。这种紧张情绪与孩子相伴而至，各种情况会让人完全难以预测。此时，家人之间的密切联系有助于你们保持关系的强大与灵活，遇到困难时，大家也可以更好地协作。说到底，如果紧张成为你的一种模式时，你就需要判断哪些是重要的、要保留的事情，哪些是无足轻重的、可做可不做的事情。

- **进行压力测试。**做一个“这有多痛苦？”的测试，类似医院的感知疼痛测试。首先，你对你们日常的日程安排进行记录，对各项活动进行压力评分，压力等级可以设定为十个等级。从 1 到 10，10 表示难以承受的压力，1 表示最小的压力。记录几周后，重新制订一个计划，以不同的方法处理你一直认为压力很高的任务和责任。如果可能的话，放弃那些让你无法承受的高压力活动，或者寻求他人的帮助，减轻压力。
- **采取小步走的办法。**不要把释放压力当作一个非此即彼的问题。这样你既不能丢下所有事情去度假，也跟不上事态的节奏。你可以休息 5 分钟，运动一下，恢复活力；或者静默 10 分钟；或者大家一起出去散步，但都不说话（看看书或品尝点心可能会有帮助）；又或者和孩子们一起躺在地板上听音乐，放松一下，让心情平静下来。
- **最大限度利用“此刻”。**如果你上了一天班，回到家，发现到处一片狼藉，请淡然处之。别急着做清洁，也别管电话铃声和那堆积如山的脏衣服，先专心致志地陪伴孩子一会儿。孩子们永远不会记得那些凌乱，但他们会记得你的拥抱，以及你对他们的关注。

请把他们的感情和情绪放在第一位。

- **每周进行回顾。**每周独自进行一次回顾。如果家里的东西堆积如山，你可以先把洗衣篮或纸箱放在房子相应的区域，将东西装好以后，稍后集中处理，就不会像散乱堆放那样令人心烦意乱。
- **尊重你感到舒服的方式。**坚持那些适合你的事情。如果你喜欢每周搞一次狂欢派对，那就继续组织吧；如果你觉得每天完成一件小事，有一切尽在掌握的感觉，那就坚持去做吧；如果你不是那种每天开邮箱的人，那就周六早晨喝着咖啡时，把所有邮件集中处理。
- **允许自己疏懒。**专注重点，只做前 3 项最重要的家务。
- **让孩子假装上班。**如果你有“工作”要做，可以让孩子们也假装上班。你可以在你的办公区放一个盒子或者篮子，放上记号笔、尺子、铅笔、迷宫书、画册、磁带、剪刀、方格纸和夹纸板等。让孩子们和你坐在一起，你做你的事情，他们做他们的“工作”。让他们为你制作一张卡片，或做一个手工。孩子们理解你的同时，也会非常有成就感。相信只要提前规划，情况就会大不一样。
- **坐在一起。**在孩子们做作业的时候，你可以在他们旁边一起坐下来，看书、结算收入、处理邮件、支付账单，等等。他们学习的时候，你的存在将带给他们美好的感觉，你也可以享受亲子相处的静谧。
- **使用电子产品要明智。**孩子玩电子产品上的教育游戏时，你可以得到几分钟属于自己的时间。如果你此时急需在电脑上工作，这也可以是让孩子们在一旁的电脑上“工作”的好时机。但这种选择只能是偶尔的“特殊活动”，不可以成为常规活动，不宜让孩子过度使用电子产品。

- **加满你的情感油箱。**在你把注意力转移到必须完成的任务之前，花几分钟了解孩子的世界，可以抱抱孩子，给他们读一会儿书，或者陪他们一起玩一个快乐的游戏，这都能使你的情感油箱迅速加满。
- **客观地看待事物。**如果你处于安全状态，有遮风避雨的地方，孩子就在身边，那么，心怀感激吧。深吸一口气，去重复积极的肯定。因为面对紧张和压力的纷扰，一旁的孩子会效仿你的处理方法。所以保持冷静，重新积聚能量，这样的能力会给你带来回报。

一位理智的父亲说：“我听过这样一个伟大的说法，态度消极只会使本就艰难的旅程更加艰难。作家、演讲家乔伊斯·迈耶（Joyce Meyer）说，‘你可能拿到了一株仙人掌，但你不必坐上去’！”接受现实，充分利用资源，这种能力将改变孩子和你自己的生活。

> 记住，照顾好自己的身体和情绪很重要。吃好、睡好、多多运动，你将更能应付自如，你将会给孩子树立一个好榜样。

这个观点给你选择的机会，决定你身上发生什么样的事情，而不是在那儿扮演受害者的角色。你可以向孩子证明，出问题的时候，不诿过于人，这样的反应方式非常重要。

积极应对，开始崭新的一天

我们早上经常迟迟出不了门，女儿每每都会情绪崩溃。我意识到我的情绪给了她很大的压力，因为只要我心平气和，她的情绪就平复了。我们决定在门口放一个“上学”盒子，确保头天晚上就把东西放进去。我也提前10分钟起床。开始的时候挺痛苦，但这些小小的改变给生活带来了很大的改观。我有更多的精力帮助她。

清晨的例行事务做好了，一整天的心情都会阳光明媚。作为妈妈，清晨的例行事务进行顺利，你的感觉会格外良好；没按计划进行时，你会觉得特别沮丧。花几分钟想想什么方法好，哪些方面需要调整，这会给家人带来很大的改变。以下的建议可以帮助你开始成功的一天：

- 提前5分钟起床，让自己有时间独自使用卫生间。
- 预测好时间，在孩子嗔怪你之前，把他叫起床。
- 出门之前，需要多少时间？对此，你需要未雨绸缪，这样可以尽量避免迟到。

- 设定好早餐例程，前一天晚上就备好要用的餐具。
- 备好多种既健康，又可以拿上就走的早餐。
- 把自己的衣服放好，第二天早上一旦孩子醒了，你不需要东翻西找。
- 把孩子的衣服选好，头天晚上准备好所需书籍和资料。
- 收拾东西的时候，给孩子拼图和书籍，让他有事可干。
- 播放舒缓的音乐，让早晨的心情更加美好。

要想有一个轻松的开始，关键是设置行之有效的早晨例程。每个人都会觉得必要的活动饶有趣味——或者，至少可行！当然，最需要调整的人是你自己。对于晚间例程，你可能需要早点儿睡觉，其发挥的作用相当于多米诺骨牌效应。当事情进行不下去时，记得马上调整。

允许自己不完美

周六早晨，睡梦中的我突然被尖叫声和笑声惊醒。起床一看，5 岁的孩子坐在糊满麦片的地板上，4 岁的孩子在倒牛奶，笑嘻嘻地对我说：“爸爸，你看！我可以自己来！”此时，我的脑子里有一个选项是赶走满脑子的睡意，大吼一声：“我跟你们说过下楼之前先叫我！”但我知道，这些可爱的小家伙只有14个夏天就要进入大千世界，所以我说："是啊，先生，你都长这么大了！我们一起把这儿清理一下吧。"下个星期，我决定率先进入厨房。

当孩子的需求与你的需求冲突时，你需要巨大的精力才能保持平心静气。你感觉自己好像永远得不到足够的睡眠，养育孩子这件事永无止境。但我们都知道那种需要休息的感觉，都体会过走出情绪，而不是陷入情绪，或者希望可以改变态度的感觉。你留给自己思考的时间很有限，因此，如果你做到了头脑冷静，心怀终极目标，那就祝贺一下自己吧。

气馁很容易，落实新计划则需要时间和耐心。正如你不要求自己完美一样，对孩子也要有耐心，需要给他们时间去获得技能。也许在你感到沮丧时，你巴不得孩子赶紧长大，但请记住，孩子像你一样，他们得循序渐进地学习。他们需要你的喝彩和鼓励，这样他们才会对自己的努力感到满意。

为了将"我们是谁""我们该做什么"区分开，有些人用了毕生的精力。我们从周边获取的信息塑造了我们看待自己和他人的方式。如果你通过批评迫使孩子形成完美主义倾向，你的孩子就很容易被你的话伤害，并会有毁灭性的感觉。长此以往，完美主义就会成为长期影响孩子视野的放大镜。消极的话语会在孩子内心深处灌入一种根深蒂固的谨小慎微和不安全感。相反，肯定的话语会扎根于孩子的精神世界，培养孩子尝试新事物的勇气。

如果你曾经遭到批评，请用新的积极话语取代那些负面的信息。看着镜子，对自己说："会好起来的。你具备过好今天的全部条件。这事你办得到！"从以善意和慈悲的心态对待自身的经验开始。

你如果每天对健康的生活、拥有的希望和机会，都怀有深深的感激之心，并且接受自己独特的观点、感觉和天赋，你就会获得无限的力量。面对种种困难，哪怕你会有短暂的挣扎，但也会选择成长。为眼前的旅程欢欣鼓舞吧，耐心地滋养自己，你终将充分实现自身的潜力。

同样地，你需要让孩子知道，对于你来说，有他们就足够了。当他们试图给你帮忙，结果却不尽如人意时，不妨付之一笑；当他们出错时，给予他们包容和鼓励；他们需要耐心时，请展现你的优雅；事情进行得不顺利时，请抱抱他们。通过你的回应，他们可以看到你的爱从不动摇。他们知道，你做好了教育和指导他们的准备，会长期陪伴他们，站在他们身边，激励他们前行。每个孩子都需要背后有这样的力量支持。

每个人都不可能让生活尽善尽美，但你给人留下怎样的印象，请慎而重之。比如，你说话的方式、你的身体语言、语气、面部表情……

它们的意义，不亚于你的话语本身。对自我保持觉知有助于你更深刻地理解事物。你的话语对孩子既有激励的力量，也可能令他们痛不欲生。

> 不要苛求完美。去赞扬孩子整理玩具的努力，别把注意力放在少数未尽事宜上，而应积极关注孩子正在形成的好习惯。

经常表达你的耐心和善意，让孩子们知道自己“挺棒的”。你不能等到你有时间了才和他们交谈，再去倾听他们的想法。你有很多方式可以发出你的信息——你兴致勃勃地看他们学习、嬉戏；你喜欢和他们在一起，喜欢和他们共度亲子时光；你要大声说出你的感受，也要通过行动表达你的情感。我们都希望感受到自己是被珍惜和被尊重的。

- **专注内在品质，而非外在的体貌特征。**统一化的外貌评价标准会使孩子陷入自我怀疑的危险中。当你发表评论时，请把重点放在孩子的内在特质上，比如善良、关心他人、努力及幽默感等。
- **警惕随意表达你态度的言辞。**孩子对我们的想法很敏感。如果听见你贬低别人，他们就知道，你对他们也可能怀有同样的感受。如果你奚落他们，那些话就像被胶水粘在脑海里一样，他们很难从记忆中抹去。如果你的父母对你言辞苛刻，那你也需要警惕这种倾向。记住这句古老的格言：“如果说不出什么好听的话，那就缄默不语。”

- **专注于更重要的事情。**赞美进展顺利的方面，不要揪住出问题的部分不放。不要把注意力一直放在孩子的错误上，可以说："你有进步！""你很努力！""你帮了大忙！""你正在学习做这件事的方法。"
- **不要为打翻的牛奶动怒。**意外发生时，即使一团糟，也要先安慰孩子。可以说："我知道下次你会更加小心。"承认孩子的感受也很重要。"牛奶打翻了，我知道你心情不好。没关系，我们一起收拾。"这样做不仅让孩子安心，也有助于你保持平静。
- **滋养心灵。**鼓励的话语有助于培育你希望自己和孩子具备的素质。"你把那件恼人的事处理得很好。你各方面都在成长，我心里充满感激。"给自己和孩子一份祝福。孩子渴望我们的肯定。欢欣的话语可以照亮晦暗的时刻，感恩的心态令孩子的心灵变得柔软。

一旦你摆脱完美母亲或父亲的压力、形象，成为自己内心想要成为的人，充分活在当下，增加对自己和他人的爱心与耐心，那么，你会免却追求完美带来的恐惧。

一旦了解这种接纳感有多美妙，你就可以把它传递给你的孩子。一旦他们体会到这种感觉给予自己的力量，有一天，他们就可以把这份礼物馈赠给自己的孩子，以及他们生活中的其他人。

他们也会成为关心和体贴他人的青少年，因为在他们的儿童时代，同理和尊重之树已经深深扎根在他们的心里。

拥抱你的个人风格

> 对自己家最合适的，就是最好的。在和其他新手妈妈的交谈中，我发现，她们的做事风格跟我不同。她们可能不带孩子一起睡，或者她们是定时喂奶，而不是孩子一哭就给孩子喂奶。说到底，这无关别人认为什么是正确的，什么是不对的，而在于怎么做能让你和家人紧密团结，适应良好，并且你能获得最多的睡眠！

作为父母，你要想把事情做好，关键是需要把自身的需求和生活方式纳入考虑当中。如果你是“夜猫子”，那你的孩子可能比早睡型妈妈的孩子上床晚；如果你是创意型人才，而不是组织者，那散落在地毯上的玩具可能就不是问题；如果你喜欢把东西放得整整齐齐、收拾得干净整洁，那说明你有更强的秩序感。对于培养孩子的安全感来说，重要的不是细枝末节，而是你的方法和日程的连续性。

你是孩子安全感的中心。婴儿饥饿时，会试探下一步会发生什么事情。如果他知道，他一哭，你马上就会来到他

> 每个孩子都需要相信大人会始终如一。接下来会怎么样？日常活动是否熟悉？对发生的事情有信任感时，孩子们会轻松自在，信心满满。

的身边，那他就哭得比较少，也更容易被抚慰。他也不会焦虑，而是会去了解你的声音和规律。他会明白，你给他换尿布，套上夹克，扣进汽车座椅时，就表示你们要去奶奶家或者外出。一旦发现你行事始终如一，他就会冷静下来，愉快地配合你的计划。

年长的孩子也会习惯你的行事风格。每个人都有特殊的交流方式和特定的生活习惯。你可能喜欢孩子不离身，出门办事的时候带孩子同行；或者，外出时，你更愿意把孩子交给别人。你微笑的方式，你喜欢的交谈方式，甚至走路说话的样子，都打上了独特的个人印记。

拥抱个人风格有助于你保持平衡感和快乐感。最重要的是，你跟孩子互动时带给他的温情，以及以孩子为中心的及时响应，时刻尊重了孩子的需求。

留意日常活动及其影响，这有助于你根据孩子的反应，更清楚地意识到采取什么方式最适合当前的情况，然后建立并保持一种固定的模式，这种做法的效果很好。你的目标，是更好地理解你的一致性如何积极影响孩子的反应。

- **准备一个笔记本或日记本。**随手可得的记事本可以帮助你管理日常计划。记录需要的东西，更新待办事项清单。
- **按照时间段，计划每天的日程安排。**注意哪些事项是进行顺利的，哪些方面需要进行调整。几个星期后，你就可以做出一份最适合孩子和你的日程表。

- **记录甜蜜有趣的瞬间。**记录孩子说的新词语或有趣的话；记录孩子的成长标志、里程碑事件，比如，刚学会走路时、上学头几天的情况等，这都是你在为家人和孩子保存记忆。
- **记录需要注意的事项。**也许你注意到一些不好的方面。可以记下来，以便提醒你考虑其他方法或解决方案，记得你的目的是找出可行的办法。
- **养成收纳的习惯。**每次都把钥匙放在同一个地方；讲完电话后，把电话放回房间里的特定地方；想要保存收据时，立即放入有标签的袋子。根据 2004 年《新闻周刊》发表的一篇关于“清洁怪物”的文章，很多美国人每天花在找东西上的时间为 15 分钟 ~ 1 个小时，甚至更长。把不停找东西浪费的时间用来和爱的人在一起，那不是好得多吗？
- **创造特殊记忆。**你家的传统可能是星期天早晨吃华夫饼，除夕晚餐吃某道菜。吃饭时，你们可能会唱一首特别的歌，或者上车时念一首充满童趣的押韵诗。选择一项让你们感觉到有家庭仪式感、真正快乐的活动。我们需要享受每一个当下。

孩子们喜欢记住和盼望他们能够期待的事物。这给他们一种稳定感、可预测感和归属感。让他们参与讨论当天的事件，甚至在孩子会说话之前，你们一起做事情，谈论的声音也会让他们感到安心。孩子们上床睡觉时，告诉他们明天的计划，他们会怀着对次日活动的期待，快乐地睡觉。一旦通过例行公事和家庭传统建立起这类联系，做父母这件事就变得容易多了。

每一天，你都会有一个崭新的机会。你可以创造与孩子的关系，帮他们为未来的青春期做好准备，培养他们对人生充满信任的态度，以及教会他们与他人保持持久联系。**这些关系是养育的核心，对于有意义而圆满的爱的旅程，它们构成了内核。**孩子激励着我们成为最好的自己。着眼于未来，你可以充满信心地实施自己的养育措施，因为你知道，你正在建立一个具有持久性的牢固基础。

正如作家伊丽莎白·斯通（Elizabeth Stone）所说："把一个人带到世上是一个重大的决定。这就等于决定，从今往后，你的心就不在自己身体里面了。"你预想到了母子（女）之爱，但直到宝宝向你投来绝对信任的眼光时，你才知道，这种爱究竟意味着什么，然后，你知道，为了不辜负孩子的信任，你会竭尽全力。为人母亲会带给你启迪，你会获得崭新的视野，并有机会培养对自己和他人的同情与善意。

- **积极乐观的态度。**你的孩子随时都在观察你。他们捕捉你的声音、表情。他们看到什么，就会模仿什么。你用积极的能量和体贴的言语给予他们的东西，他们通过自己的声音和行为又反过来回馈给你。他们会学习你的行为、价值观和态度。

- **积极反应。**谈论白天的经历时，不要自说自话，要让孩子对等发言。不断了解孩子，时常问问自己："我怎样安慰、鼓励孩子，才能帮助他建立安全感和自信心？""此刻孩子需要我做什么？"
- **时间预算要符合现实。**如果你们需要去某个地方或完成某事，每增加一个人，就增加 5 分钟的时间预算。如果不确定需要多长时间，可以用计时器算出来，这会让你了解真相，下次可以据此进行调整。
- **稍后回复。**当你接到邀请时，可以对邀请者说："谢谢你的邀请。给我点儿时间考虑一下，我回头告诉你。"花点儿时间，权衡一下各种选择后，再做决定。
- **做短暂的休息，恢复心情、身体和精神。**享受一下深呼吸，舒展舒展身体，祈祷；看看窗外，感知季节的变化或天气，保持平和的心情。
- **不要攀比。**每个人气质不同，生活方式各异，需求也是各种各样。别人看上去好像完美无缺，但为人父母者，谁都在为实现目标而拼搏。你需要驱散内心的疑虑，只关注那些能激励你，让你对自己的做法感到积极的人和事，还可以借鉴他人富有创意的做法——当然，只需要选择符合你观念的部分。

第二章

培养情感的连接区

—

培养与孩子的连接区

> 有人告诉我，孩子从呱呱坠地到上完幼儿园，中间只有约2000天。这给了我全新的视角。最佳建议是什么？别等到孩子太闹腾了才介入。最佳投资是什么？享受睡前时光，尤其在孩子大一些之后。依偎、阅读、交谈是一天中最美好的时刻。

孩子渴望得到你的在乎和关注，他们需要你全心全意的注意。把让你分心的事搁在一边，真正关注孩子，这样，一个神奇的连接区就出现了。你可以跟孩子一起扮鬼脸、唱好笑的歌、傻乐呵、享受身体的亲密接触。最重要的是，你的心要在。

因为你的一举一动，一言一行，孩子都感觉得到，所以，他们对你的感觉几乎全凭直觉。婴儿通过我们抱他们的方式、看他们的眼神，就知道我们是否全身心地和他们在一起。这种不可思议的联系永远不会改变：刚学会走路的小孩儿就会随你一起兴奋，你不经意的表情变化，他们都感觉得到；一两岁的小孩子会观察照顾者的面部表情，以此衡量自身安危，核实照顾者的反应，或者寻求他们的认可；学龄前儿童只要瞄上一眼，就知道父母是不是不开心；成年孩子也会观察父母的表情，看他们是否高兴、焦虑或者担忧。

孩子依靠父母和照顾者的养育、抚养与安慰而长大。你需要一些时间，才能了解孩子独特的生活模式和需求，也许你刚刚以为自己弄清楚情况了，他们内在的节奏就又变了。好比学步阶段的孩子，本来已经可以睡一整宿了，可忽然又开始夜间醒来；3 岁的孩子原本个性阳光开朗，可转眼就情绪大变了。无论发生什么情况，作为父母，我们都要及时做出回应，理解每个孩子都不一样。

> 每个孩子都需要关心他，愿意陪伴他的家长。每天都向孩子表达，在你眼中，他是多么特别，这是在奠定稳固的爱的基础，它将给孩子终身的支持。

在宝宝哭闹时，你会本能地感到紧张。也许你想把事情做好，但又怀疑自己的做法是不是有问题。有时候，你可能担心旁观者的评判。这时候，你可以先深呼吸，放松。这个自我觉察的时刻可以令你平静、集中精神，之后，你可以自信地尝试不同的安抚姿势和方法，照顾宝宝的需要。

一想到和心满意足的小孩儿依偎在一起的画面，有的父母觉得那就是抚育，感到孩子需要自己；还有一些父母可能不喜欢这种亲密，这让他们联想到病恹恹的学步儿童，他发烧、汗湿了睡衣时，像胶水一样黏着自己。保持对自身反应的觉察，情况会因此大不相同。孩子会受你的情绪影响，所以当情况有变时，你是第一个需要冷静的人。既要在行动上把注意力集中在孩子身上，又要在内心里关注自己。这样，你在设法处理孩子和自身的需要时，会更加敏感。

孩子们正处于学习认识和回应自身需求的过程中。妈妈开车走了以后，婴儿可能会伤心哭泣，此时他需要一个玩具，或者听一首歌曲，安慰自己，分散注意力。祖母离开以后，学步儿童可能仍然处于兴奋状态，无法安静下来。从活动阶段过渡到平静状态，在这个过程中，孩子需要帮助。

你可以帮助孩子认识自己的身体信号，了解自身需要："你打哈欠了！打哈欠说明你困了。你瞌睡来了吗？困倦的时候，窝到一边，静静地看看书，感觉会很好哟。""你看起来很热，都出汗了。要不要进来喝杯水，休息一下？""你好像有些无聊。来，一起骑会儿自行车，享受一下午后的阳光。"相信你所看到的迹象，然后对当前的情况形成一个总体的了解，再去帮助孩子注意体征，及时做出反应。

对自身有意识的孩子也善于了解别人。当他们看见有人提着很重的包，不堪重负时，他们会说："要我帮你拿吗？你的包看起来很重。"在学校，他们会安慰同学；在家里，他们会与兄弟姐妹共情。在生活的方方面面，孩子的这种情感智力都是一种财富。

为孩子考虑目标、梦想和渴望时，如果事情不完全符合你的期望，请把忧虑放到一边；感觉事情前进两步后退三步时，请轻松面对。你需要对自己和孩子有耐心，把注意力集中在自己和孩子取得的进步上。

作为父母，这么做有一个奇妙的附带效应：你会受到激励；你会得到成长。对于自己会留下怎样的"资产"，你将会有更多的思考。孩子成长的速度很快，你知道需要帮助孩子为即将到来的青少年时期和未来生活做好准备。意识到这一点，你会保持对事物的洞察力。请关注你正在创建的与孩子的连接及其质量，因为这一最根本的纽带将设定安全和幸福的模式，将给你和孩子创造持久的信任与爱的关系。

有目的的连接

经过多少个不眠之夜，多少次食物糊得满身都是，多少次清理汽车座椅下卡着的饼干、麦片，多少次洗澡之前得从浴缸里取出塑料玩具，还有换过无数次的尿片，洗过不计其数的衣服……终于，眼前的女儿不那么小了，她要上幼儿园了。此时，我多么希望可以回到过去的那几年！我自问做得够多、够好吗？她做好踏上前路的准备了吗？早晨，目送她离去的身影，知道自己的生活将从此改变，我受得了吗？我真希望过去也能多想想这一天，能珍惜沿途的宝贵时刻。看着她睡梦中的脸庞，我多么希望时钟走得慢一点。

记住，孩子也是有感情的。我们应该对他们好些，或许要比对我们不需要负责的人更好些。有了这个角度，我们就可以把他们的最大利益放在心上。

享受养育的过山车之旅

孩子出生时，你与他亲密接触；婴儿期时，你们彼此凝视，咿呀对话；清晨时分，你与他互相依偎；幼儿期时，你把他抱在腿上，共享静谧时光……通过这一切，你已经在孩子心里深深地种下安全感和力量的种子。家是我们感觉安全的地方，它以理解和无条件的爱接纳我们。

在生命的头三年，温暖的亲子关系和及时的回应实际上预示着孩子未来在学校的成功，并且当生活带来挑战时，这些关系和回应将发挥保护作用。最初的三年对孩子的语言发展、认知成长和社会情绪能力的形成非常关键。4 ~ 8 岁，孩子的知识量和理解能力的增长也有赖于最初三年打下的关键基础。所以，你需要意识到，你不是简单地在照料孩子，而是在塑造他们的大脑，使之为未来的生活做好准备。你是在培养他们的创造精神、学习动力，教会他们从中获得幸福感。

那么婴儿是如何体验连接的滋养力的呢？婴儿的世界是一个感觉的万花筒。从你轻柔且能带来安全感的抚摸中，他能感受到你的平静。随着你温柔的摇晃、轻拍，他情绪放松。他看着你的脸，寻找彼此之间的互动，当他进入语言与交流的奇妙世界，他欢天喜地。通过这种共享的连接，你可以发起与他的交谈，对他做出回应。

在《父母的语言：3000 万词汇塑造更强大的学习型大脑》一书中，作者达娜·萨斯金（Dana Suskin）要言不烦："倾听，多说，轮流说。"你对宝宝微笑，模仿他的表情；他发声时，你响应他，这就是你给孩子的礼物。无论是当下还是未来，你的馈赠都将获得回报，而宝宝会获得沟通、表达感情、自我调节和健康成长的能力。神经科学证明，父母和照顾者对儿童潜能的充分发展有着巨大的影响，这种影响的方式不只是语言本身，也包括温暖的反应和健康的关系模式。

> 同孩子谈话时，两眼平视他，声音要轻柔。注意你的身体语言、语调和面部表情。用心倾听。

一天当中，不同的时间段，你可

以采用一些特定的策略来帮助你倾听孩子，了解孩子需要你做什么，你也会因此感觉更好。

- **发自内心的微笑！** 孩子们常常审视照顾者的脸，以此获得安慰。多多微笑，让你的情感连接直接提升孩子的轻松感和安全感。
- **单独相处时，专心陪伴。** 平视孩子的眼睛，创造注意力集中、充满关爱的联系。
- **注意蛛丝马迹。**“今天早上你显得格外安静。有什么不开心的事吗？”观察孩子的肢体语言，并对此积极反应。你可以用语言把你看到的情况说出来，帮助孩子建立身体、情绪感受与表达感情的词语之间的联系。
- **关注各种生活经验。** 你可以描述身体的感觉，促进孩子的感知意识。“你觉不觉得水又热又滑？”“你觉得肚子饿了吗？”“哇，好冷。穿件毛衣保暖吧。”
- **做孩子的第一任老师。** 分享你对周围世界的爱与享受。“听，鸟叫！看见知更鸟了吗？”孩子们随时都在学习，你可以借助和孩子共同的好奇心、有趣的谈话，点亮他们的世界。
- **给孩子爱的抚触。** 你从早到晚都要花时间跟孩子进行肢体互动，给予孩子爱的抚触。依偎、拥抱、挠挠孩子的手臂、摩挲他的手心、摸摸他的头发，或者在他皮肤上轻轻画图案。换完尿布，轻吟浅唱；安慰宝宝时，按摩按摩他的脚和腿。大人跟小孩子说话的那种唱歌般的语言，叫作妈妈语或爸妈语。你可以高声说话，以富有表达力的声音拖长发音。这种温和而夸张的讲话方式促进婴儿习得语言。《孩子如何学习》的作者之一帕特里夏·库尔（Patricia Kuhl）说，婴儿大脑能把听到的声音与听过的其他声音联系起来。

- **在孩子过渡阶段提供协助。**当孩子必须从一项活动过渡到另一项活动时，需要你及时抚慰。对于孩子的这个需求，请你保持敏感。当孩子在兴奋和平静之间进行转换时，给予帮助，让孩子感到放心、舒适。

有时候，年龄较大的孩子可能有重要的事情想告诉你，但你正在忙于自己的事情，注意力可能不集中。此时不要敷衍了事，最好平视孩子的眼睛，全神贯注，对他说：“我很高兴你告诉我。”“我明白你非常关心这件事。”你向孩子表明你愿意连接，你的话就会达到目的，因为你用了心思，和孩子进行了眼神交流，真正倾听了孩子。

生活中会发生特殊事件，并留下不寻常的记忆，但分享日常生活中的各种时刻也是生活的组成部分。当你做饭的时候，你可以让孩子坐在高凳子上，待在你身边不远处的安全地带；当你叠衣服的时候，你可以边叠边跟孩子聊聊天；你们可以一起刷牙，睡前一起傻乐呵，这些行为都体现了你们之间寻常时刻的非凡联系。无论是在生活中，还是在工作时，你都可以来到孩子身边，陪伴他，保护他。这就是建立和培养你们日常亲密关系模式的方法，并能保持这种模式的持久。

当你感觉这段时间遥遥无期，迫切地渴望独处的时候，请提醒自己：早期这些亲密、温暖的日子，将会为孩子信心的建立奠定持久的基础。通过你耐心的指导和照顾，孩子会逐渐内化独立性以及各种生活技能。

到学步阶段，孩子可以独自玩耍更长的时间，有一天，你会惊喜地发现，他一整个早晨都在自顾自地玩，一副心满意足的样子。最初的几年，孩子的各种需求好像接二连三，让你完全没有喘息的机会。但请相信，这些时刻很重要，你的爱、关怀和耐心是真正的礼物，它们在孩子未来的生命里，将继续发挥作用。

促进依恋关系

双胞胎儿子的到来，给我和妻子带来了双重惊喜。我们内心充满了敬畏之情，唯一的想法是“好小啊！怎么带啊”。他们的面部表情简直就是我们日常欢乐的来源。准备好欢声笑语和拥抱，享受这些快乐，你会发现养育孩子真是趣味无穷。

孩子们天生就做好了连接的准备，那是孩子和父母之间牢固而持久的联系。吟唱、安慰和轻抚都会激活婴儿和你大脑里的催产素。催产素是脑垂体分泌的一种荷尔蒙，被称为“照料和交友”的荷尔蒙——当与爱的人接近时，它会增加我们的幸福感。

催产素会给大脑发出一连串指令，它能提升人的乐观、自尊和情绪指数。在分娩过程中，催产素帮助子宫收缩，又通过母乳传递给新生儿，并且婴儿在得到肌肤接触时，他们的大脑也会释放催产素。最初的这种结合对婴儿和母亲都很重要。

身体的抚触和微笑都能触动积极的大脑模式，这对我们的身体大有益处，比如可以强化免疫系统，使我们的思维更清晰，情绪更健康。仅仅是想一想要跟爱的人见面，就能增强幸福感，那么拥抱绝对是能激发更强烈幸福感的美好方式，它不仅能表达感情或美好，它还能给得到拥抱的孩子和拥抱孩子的人，带来持久的幸福感。童年时期，安全、舒适的抚触能促进你和孩子的健康。

在日常哄睡和喂养过程中，宝宝情绪焦躁、哭闹时，你及时给予抚慰，这样他就会把生理需求与放松感相联系，而不是把它等同于焦虑情绪。朱迪·门德尔（Jodi Mendell）、劳伦·菲尔布鲁克（Lauren Philbrook）等研究者认为，如果孩子在入睡时得到了安慰，那他当下和未来都不会那么容易出现睡眠调节问题。以下指导原则对婴儿至关重要，孩子再大一些，也仍然适用。

- **养成固定的、有规律的睡觉时间。**夜间睡觉和白天小睡时，我们应该让孩子感到快乐、安全。从建立持续一贯的模式和顺序开始吧！可以先给宝宝洗个热水澡，沐浴完毕，穿上干净的睡衣后，享受和他依偎的时光，然后温柔地轻摇他。接着，待他吃过奶后，及时抽出时间，给他唱熟悉的歌谣，陪他看图画书，放松身心。这个固定的睡前模式，将贯穿整个婴幼儿期。
- **亲子阅读。**美国儿科学会（American Academy of Pediatrics）建议父母从婴儿一出生，就给他们朗读。你的音色、音调和语言节奏在他们大脑里形成必要的语言连接。童年时期的睡前阅读，可以培养孩子对书籍的持久热爱，并创造一种快乐的共享习惯。
- **让孩子安全地睡觉。**一定要遵循儿科医生的指导原则。让婴儿睡觉时尽量仰卧，床不要垫毯子，周边不要围绕其他物品，以防止婴儿窒息。最初的时候，可以用襁褓裹住婴儿，等孩子大些以后，如果你生活的地方气候凉爽，在内衣外面给他套一件暖和的睡袍即可。宝宝可以左右滚动时，可能会选择趴着睡。孩子大些以后，尊重他的舒适偏好。

只要家人提供安全的信任基础，孩子就能从与父母的亲密关系中，获得难以置信的持久力量。有心理学家指出，这类孩子对自己和他人拥有更高的敏感度和同理心。他们更有自信、自尊，较少出现行为问题，并且更容易适应新情况。他们会收获更亲密的友谊，在学校与同学相处更好。

科学告诉我们，我们当前的付出是一项重要的投资！我们今天培育的关系，将为孩子们未来几年与我们及其他人的关系，奠定基础。

建立安全的关系基础

> 我希望自己有耐心、有礼貌、宽容，因为我希望这也是我的每个孩子对待彼此的方式。如果我哪天不开心，那一天每个人都会闷闷不乐，所以我时刻提醒自己，我所做的事情很重要。我塑造着孩子们看待他们自己的方式。

孩子觉得与我们关系密切时，就渴望像我们一样，他们希望讨我们的欢心。感到自己与父母有情感连接的孩子一般更听话，更愿意合作。因为他们仰慕谁，谁让他们觉得安全，他们就会内化谁的价值观。我们要尽一切力量保护这份神圣的联系。

孩子们每天都需要一段感到安全和被接纳的时间。他们渴望与父母或其他照顾者保持亲密关系。孩子来到你身边，想要和你沟通时，会观察你的表情是否愉悦，是否欢迎他靠近。孩子想要感受到你的宠爱。以下方法帮助你与孩子每天建立一个有价值的关系时段。

- 蜷缩在一起看书；
- 晚餐时交谈；
- 拥抱以后说“有你真好”；
- 睡觉时分享秘密；
- 一起讲笑话、大笑；
- 使用私密的爱称；
- 背着他人握手、击掌；
- 尽情享受独特的贴面亲吻、碰碰鼻子；
- 抽出时间，让孩子帮你做事、参与制订计划；
- 教孩子一种新技能；
- 说一句肯定的话，比如“你和朋友玩儿，我在旁边听着很开心”；
- 来一场一对一的特殊约会；
- 一起跳舞。

你与孩子的连接就是孩子的锚。想想你和爱的人在一起的感受：接纳、宁静、喜乐。对于宠物爱好者来说，把猫或狗抱在怀里可以降低血压，增强免疫系统。其实家人之间的愉快关系，有同样功效。

> **找到各种与孩子连接的方法。帮他关注并发现自己的长处、特点和天赋。**

疾病控制中心指出，早期与父母的积极关系在很大程度上可以保护孩子免受健康问题侵扰，终其一生都有助于提高他们的身体健康水平。因为当我们没有压力，拥有温暖的安全感时，我们会拥有更强烈的幸福感和心理健康水平。当我们真正去倾听，透过孩子的眼睛看生活，怀着温柔和关心的态度为他们加油，这种亲密的纽带会引导他们走向健康快乐的生活。

想办法安慰孩子

> 门铃响了，这时，狗把衔在嘴里的袜子吐到地上，两个孩子互相推搡着，其中一个孩子一脚踩过湿漉漉的烂摊子。我脱下小家伙的袜子，抱了抱他，放上音乐，摊开一条毯子，拿了果汁给他们。他们接过“诱饵”，拿着果汁，却扑通一声倒在地上。两秒钟后，我打开门，我的公公婆婆不期而至。作为家长，你得知道，孩子随时都会发生很多危急的状况。哪怕一分一秒，事情都可能变得一团糟。

知道如何平息乱局，让孩子和自己平静下来，这是养育的基本技能。有一些方法可以让事情变得更容易，比如提前准备，了解孩子的极限，手边常备孩子喜欢的东西，让孩子玩得开心。你可以抱抱孩子，或者把孩子带到一个安全的地方，让他从沮丧中恢复过来。但有时候，应对这些压力、焦虑或愤怒，可能是很大的挑战。

使用婴儿期的有效的策略建立的模式，可以帮助大一点的孩子重新集中注意力，使他们更快地安静下来。如何做才能够使孩子做出最好的反应，以下分享一些很好的安抚方法，你可以与其他照顾者分享这些细节，保证步骤的连贯性。

- **使用有节奏的动作。**哺乳或喂饭时，可以轻轻抚摸孩子的手臂、腿、背；有节奏地走路、摇晃、安抚、轻嘘、温柔地摇摆、唱歌、哼唱和安静的话语都能帮助孩子安静下来。
- **给予抚触。**给宝宝换尿片、洗澡时，可以把一只手放在他的肚子上或者肩膀上，轻轻按摩，帮助他放松。对大一些的孩子，可以给他们搓搓脚、捏捏手，甚至用手指在孩子的手臂上画各种图案。这种安全、舒适的抚摸必不可少。
- **延长沐浴时间。**洗完澡后，可以用轻薄的毯子或浴巾把孩子裹起来，然后用婴儿专用按摩油或低敏的乳液，给婴儿按摩。对于年龄较大的孩子，尽情地洗个澡更容易让他们安静下来。你可以待在旁边，给孩子使用安全的洗浴用品，多给他们一些在水里玩耍和放松的时间。
- **尊重孩子的感官需求。**注意孩子对光线、声音和织物的独特反应。有些孩子厌恶某些食物（特别是黏糊糊、颗粒状的食物），或者棉花球、胶泥、毛绒质感的材料，以及某些床单、毯子、衣服等。
- **用声音让孩子安静下来。**现在有很多用仪器或软件可以模仿母亲子宫里的声音、大自然的雨声、溪水声、海浪声等。这些声音就像轻柔的催眠曲，有助于幼儿悄然入睡。

深呼吸，三思而后行，扪心自问：“我愿意别人这样对我吗？我会有什么样的感觉？”这样做有好处。孩子会以我们对待他们的方式，对待我们。

和孩子一起设定情感恒温器。给孩子穿衣服时，如果态度温和、动作温柔，他可能会安静配合。当 3 岁的孩子吃饭缓慢时，如果你保持足够的耐心，那他就可以专心吃饭，不哭不闹。6 岁的孩子心情不好时，你用关爱的语言安慰他、拥抱他，他就可以更好地克服情绪障碍。孩子对支持的需要，不会随着年龄增长而改变。

就像你疲惫的时候通常只需要一个拥抱一样，当孩子感到沮丧时，你可以看到，你的安慰能迅速帮他向前迈进。我们的目标是，以你希望别人对待你的方式去对待孩子，去尊重他们的精神和身体。

通过孩子的眼睛去看事物，这让你可以更好地满足他的需要。孩子决定做什么，想要了解自己的感受和需要的帮助时，往往需要你的指导。你成功的关键是，想想什么对他们最有帮助。

让孩子获得充足的睡眠

父母们经常阅读各种书籍，对幼儿的睡眠训练忧心忡忡。他们常把自家孩子和别家孩子进行比较。我决定对我的孩子采用有效的办法——他需要怎么办，我就怎么办。几个月后，他就能一个人睡了。我曾了解朋友们尝试的所有办法。但最终，我只是采取了孩子需要的办法。现在他每天小睡两次，夜间能一觉睡到天亮。虽然这件事花了一点儿时间，但付出是有价值的。

使母亲和孩子感到快乐、适应良好，最重要的先决条件之一，就是睡眠。大多数人把睡眠和健康、锻炼作为最重要的事情。因为休息好了以后，情况就会好得多。你会有足够的精力进行清晰的思考，足够的耐心培养孩子。而孩子在得到充分休息后，会更具变通性，情绪反应更加积极。这样，大家都不那么容易情绪不安。

我曾经听说有这样的家庭：他们在婴儿床上放了十多个安抚奶嘴，几乎每个角落都有，这样，婴儿醒来就可以随手找到一个“奶嘴”，不需要叫人帮忙。有些父母发现这些东西不可或缺，甚至有父母想方设法让孩子用奶嘴。种种努力表明，妈妈们多么渴求睡眠。

要保证充足、愉悦的睡眠，最重要的因素是保障日常活动和空间舒适、安宁。威廉·西尔斯（William Sears）和玛莎·西尔斯（Martha Sears）所著的《西尔斯亲密育儿百科》，哈韦·卡普（Harvey Karp）所著的《卡普新生儿安抚法》，以及苏西·乔达诺（Suzy Giordano）

所著《12 周大的婴儿的 12 小时睡眠》都介绍了温和、科学的方法。重要的是，这些方法都尊重每个孩子的安全需求，提倡及时反应，给予抚慰，而不是任婴儿哭个不停。父母可以预测孩子的需求，以一贯的方式做出反应。

安慰孩子，而不是让他孤立无援地哭闹，理由很多：

- **婴儿的神经系统仍然处在发育中，需要抚慰和帮助。**这就是所谓的共同调节，因为婴儿的呼吸和平静感，是对你的呼吸和平静感的回应。
- **哭闹增加不会减少焦虑**。你不希望婴儿把睡眠和焦虑相联系。
- **哭闹使床成为斗争的场所，而不是舒适的所在。**体会得到安慰的感觉后，孩子将学会安慰自己。
- **孩子可能因为疲惫而入睡，但你错过了与他连接的机会。**这是建立健康模式的时机。让孩子带着烦恼筋疲力尽地入睡，这样的方式有违建立舒服、安心入睡模式的目标。你需要给予孩子及时的照顾，让他知道如何尊重自身的需要。
- **通过给孩子提供帮助，你培养了孩子的信任感、亲密感和同理心。**
- **婴儿期平静的入眠模式，一直需要延续到蹒跚学步的幼儿期及以后。**
- **让幼小的孩子独自哭泣、对家里其他人只字不提，这等于在教大孩子：弟弟妹妹痛苦时，不要在意。**如果父母示范了对幼儿的痛苦漠不关心的态度，那么，孩子们对兄弟姐妹的痛苦漠不关心、无动于衷，就不足为奇了。

帮助婴儿学会自我安抚和抚慰，就为他必需的自我照顾和未来的健康睡眠模式，设定了内在的“蓝图”。睡前需求得到满足后，大孩子会把睡觉与安全感、快乐感和舒适感联系起来。科学的养育方法实践，会让孩子形成受益终生的健康睡眠习惯。

一旦你发现大宝宝可以一觉睡更长的时间，夜间你就可以默默地安抚他，不用说话、出声了。在孩子完全醒来之前，你可以轻轻拍拍他，帮助他重返梦乡。学步儿童和学龄前儿童梦醒以后，可能需要你的抚慰；尿床后，需要你帮忙；偶尔在夜间还需要你给予安静、温和的支持。只要你保持处理方式不变，给予支持，孩子很快就会重新入睡。最关键的是你要保持平静。

建立固定的睡眠习惯。睡前是你们一天中最亲密的时间，特别适合谈论家中和学校发生的事情，分享秘密和故事，一起度过宝贵的时光。早点儿开始睡前交谈，有时间可以给孩子挠挠背和讲故事。例行公事是保证连接的必要来源。一贯的仪式将让你收获一个睡眠良好的

> 通常，午睡使你对每件事都有更好的洞察力。妈妈们经常睡眠不足，需要把早早上床睡觉作为头等大事，这样，白天你才有精力。

孩子，随着时间的推移，孩子的行为表现会更好。

有关不同年龄段的孩子需要多少睡眠的问题，马克斯·希什科维茨（Max Hirshkowitz）等研究者提供了有益的指导原则。记住，这些数字反映的是24小时总体睡眠时间。计算孩子的睡眠情况时，应把小睡的时间加上。

- 新生儿（出生～3个月）：14～17小时；
- 婴儿（4～11个月）：12～15小时；
- 幼儿（1～2岁）：11～14小时；
- 学龄前儿童（3～5岁）：10～13小时；
- 学龄儿童（6～13岁）：9～11小时；
- 青少年（14～17岁）：8～10小时。

把每天好好休息、神清气爽作为新的目标。把晚上的计划提前一些，让家里的成年人得到充足的睡眠。你的目标不是做得尽善尽美，而是尽量保持健康的状态。看到孩子疲倦、昏昏欲睡时，可以让孩子休息一下，舒展一下身体或者听听音乐，让大脑放松一下。也可以鼓励大孩子安静一会儿，安排小孩子进行必要的休息。这样，你就可以扭转局面，注入新的能量。

享受日常过渡阶段的乐趣

> 每次眼看就要迟到了，快上车的时候，我的小女儿却偏偏闹起了脾气。她想要她最喜欢的洋娃娃，而它总是不可避免地被埋在壁橱后面的一堆玩具下面，怎么也找不到。

从玩耍到吃饭、穿衣服出门，中间的过渡会给孩子带来压力。所以孩子往往容易在过渡阶段挣扎、沮丧、哭闹或者在你最希望快点儿走，心急火燎的那一刻，孩子却拖拖拉拉。此时你可能觉得这种过渡是为了让你和家人到达目的地，而孩子可能觉得这段时间是为他安排的，是为了满足他的需要。预先理解这一冲突，你会争取从过渡阶段中获得更好的体验，而不是让这个过程充满挑战。

过渡阶段让你有机会加满孩子的情绪油箱，让你关注正在发生的情况。此时孩子可能想在床上、沙发上躺一会儿，然后才开始日常活动。你出门上班之前，他可能需要几分钟的支持，或者需要一些时间缓解他的压力。在这些时刻，他需要你全心全意的关注。

过渡阶段之前发生的事情，同中间发生的事情一样重要。如果你正要去上班，或者正常的计划突然发生了改变，请对孩子需要安慰的心情保持敏感。在知道自己需要过渡到一项新的活动或情况时，提前合理安排好时间，这有助于提升孩子的安全感，缓解他的压力。

- **确保白天有与孩子依偎的时光。**5 分钟的依偎就可以避免危机，或者扭转一天的情绪。
- **鼓励孩子拥有过渡物品。**孩子珍爱的玩偶、毯子，或其他可爱的玩具能提供自然的支持，可以让孩子塞进包里，带在身上。
- **采用温暖的安慰品。**温暖的袜子、微微加热的枕头都有助于孩子身体和精神放松。一定要测试温度，请遵循安全指示。
- **一起深呼吸，做伸展活动。**和孩子一起深呼吸、做令人心情舒缓的伸展,可以弯腰摸地板,或者伸展双臂。运动结束后,你们拥抱一下。
- **分享傻乎乎的词语和短语。**可以在脱衣服、换衣服的时候，和孩子玩“比兔子杰克快”等熟悉的游戏。
- **有一个“备用盒子”。**找不到需要的物品时，你和孩子往往就会情绪崩溃。多准备一些袜子、内衣、尿布、刷子、发带，以及其他常用物品放入“备用盒子”，可以抓起来就走。你准备好的盒子真的可以解决一天的问题。
- **创建一个舒适站。**豆袋、室内帐篷、装有枕头的纸板箱，都可以成为让孩子放松一下，愉快又安静的地方。有些孩子喜欢有厚重感的毯子，因为毯子的重量和质地可以减轻他的压力。
- **保持积极的进食、换尿片与洗浴例程。**通过和孩子交谈，给予他们充分的关注，建立你们之间亲密的联系。这些活动应该是快乐、有趣、没有压力、不令人紧张的。

过渡阶段应该是享受快乐的最佳时机。给孩子穿衣服的时候，唱歌、讲故事、专注于一个搞笑或傻乎乎的笑话，这些做法都有助于过渡成功。比如，步行去车上的时候，可以一起数步子，帮助孩子重新集中注意力。

任何一件看似琐碎的事情，都可以是与孩子建立联系的完美时机。哪怕当下你只有一小刻时间，也可以通过欢声笑语与孩子进行连接，改变事情的局面。

看到别的家庭其乐融融，要知道，这是他们努力的结果。有位母亲说："我和我丈夫想让我们的 4 个孩子享受生活的乐趣，希望他们能笑口常开，分享感情，付出超过所得。我们希望他们热爱生活，所以我们和他们一起享受当下。"要让孩子知道，你可以左右自己的生活，而不是让生活左右你的人生。这是一种可以改变一切的心态。

> 知道他们能带给我们欢乐和愉悦，孩子们会感到愉快。放轻松，一起玩乐，一起笑会增加乐观情绪，让你以积极的方式解决原本觉得具有挑战的事情。

设置事件的优先顺序

今天是卫斯理第一天上学前班。到了教室，他跟我说："再见，妈妈。再见！"他不是应该有点儿难过吗？他长得太快了。我简直不敢相信小家伙变化得这么快！

许多父母与孩子一起成长，和孩子一起在公园玩滑梯、捉迷藏，感觉他们的童年成了我们的第二个童年。如果你生活在农村地区，和孩子一起去南瓜地、喝苹果汁、吃甜甜圈，你会重新体验自己过去童年的欢乐。如果你住在城里，参加周末艺术节和艺术展可以成为家庭活动。你们一起传递甜蜜的记忆，创建并举行新的庆祝方式。

对有些人来说，孩子的童年让我们想起自己曾经经历的艰难挑战，如奋力完成作业，拼命找作业，应付父母婚变，搬家到很远的地方等。充分利用每一个机会，创造一个安全而有力量的世界，同时我们也需要让他们知道，并非所有事情都在控制范围之内。

星期六的晚上，孩子可能跑过来告诉你："哦，顺便说一下，我得写一份关于我们城市的报告，必须贴在海报板上。"你突然意识到，昨天给桌子刷油漆的时候，你把最后一块纸板当成了隔板，现在，那块纸板正皱皱巴巴地躺在垃圾桶里。今天看起来充满压力的事情，明天讲给朋友听的时候，已经是一个趣味十足的故事了。即使在最细心、最会收拾的父母家里，也会出现令人抓狂的时刻。孩子需要一样东西而又找不到的时候，不妨采取灵活态度，手上有什么就用什么。

当然，即使你有计划在先，有有效的例程，事情也可能出差错。当孩子疲惫时，似乎没有什么明显的原因，他也可能闹脾气，比如坚持要穿不合身的衣服或者马上要洗的脏衣服。当然了，这种情况往往发生在你急着出门的时候。在你着急走的时候，好像有一颗神奇的按钮引起他的警觉，刺激他背道而驰。

在这样的时候，优先顺序很重要。如果衣服和裤子不匹配怎么办？孩子的着装并不反映你的养育能力。不用把挫折变成一个事件，你可以以积极的交谈代之。请保持平静，继续前进。你练习得越多，就越能找到最好的解决办法，把沮丧的经历变成积极的回忆。

如果你想带孩子出去，但他累了想睡会儿，那就别去了。如果你想精心准备一顿晚餐，但孩子需要你的注意，那就做一顿简餐。如果你安排了一个有趣的艺术活动，但孩子想继续在城堡玩耍，那就鼓励他接着玩儿。如果你想看书，但他静不下来，那就跳个舞。

> 事情到了中途进行不下去时，改做别的事情。自我减压，保持灵活性。看到孩子无法集中注意力，需要休息时，迅速改变方向。

养育子女的关键技能，是知道如何让事情过去，一直向前看，让养育具有灵活性。事实上，解决挑战的方法就在眼前。据说出自神学家雷茵霍尔德·尼布尔手笔的“宁静祷词”，就包含了给父母的这个真理。

“上帝，请赐予我宁静的心，接受我无法改变的事情；赐予我勇气，去改变我能改变的事；赐予我分辨二者不同的智慧。”

建立与养子女的关系

> 我们等了 9 年，两个儿子才来到身边，他们是上帝对我们祈祷的回应。由于他们以前的生活不安全，所以我们每天都以稳定的方式鼓励他们，爱他们。我们曾经希望自己能极大地改变他们的生活，结果却被他们改变。

如果你收养了一个婴儿或小孩，有很多方式可以帮他建立安全感，培养和他的关系。学龄前和学龄儿童会感受到你的心意，明白你的爱，从而感到安全，因为你给了他们归属和连接的礼物。

如果你收养的孩子比较大，可以用特别的歌曲、持续的期望，帮助他们建立起日常睡觉、洗浴、吃饭的规律生活。让生活充满爱、耐心、稳定和可预测性，这将会使他们建立信任感。你还可以每天给予

> 从一开始就要建立信任。孩子大些之后，请经常以多种方式让他们知道，你相信他们的判断。多创造连接和亲密的机会。

孩子温柔的语言和热情的拥抱，以此来安慰他们。

与孩子建立连接时，本书的方法将帮助你成为更有弹性、反应更灵敏的妈妈——会以最有力的方式分享你的力量和爱。这些行为指导技能将帮助你设定稳定的界限，传达期望，满足孩子的情感需求。最重要的是，加强你自身的目标感和幸福感，你将成为孩子强大、健康的榜样。

下面的做法可以帮助你尊重和肯定孩子独特的身份和自我意识，同时把注意力集中在自身的成长上。

- **记录孩子掌握的新单词、里程碑式事件和获得的经验。**写下你对他的爱，以及这段时间对你多么珍贵。将来，这份记录将成为你们早期联系的珍贵纪念。
- **写一份自身的成长日记，记录自己的发现和智慧之旅。**记录你的反思、洞察和想法。
- **多拍一些照片，记录孩子说过的话、做过的事，整理成册。**把储存安全、快乐的记忆，作为优先考虑事项。
- **和孩子一起，阅读其他讲述养子女故事的书籍。**阅读介绍其他父母领养历程的书籍，促进自己的发现与成长。

- **通过文字和图片，重温孩子独特的故事。**他会感受到你传递的爱和骄傲。

如果你们收养的孩子年龄较大，请尊重他过去的记忆、他与你之前其他人的关系，以及以前的联系与身份。你最好尽可能地了解他的背景和过往经历，积极地肯定他独特的自我意识，诚实地回答问题，以及听取孩子的意见，对他的精神和理解表现出敏感。

让孩子感到自己的差异是独特的气质，是让人感到特别的，值得肯定和赞赏的。孩子们希望知道他们无论做什么，永远都不会失去你的爱。通过稳定的关系和安全的联系，孩子们知道自己有价值。这种纽带，为他们拥有牢固的安全感和幸福感奠定了基础。

你还可以寻求领养组织的支持，它们可以提供切实可行的建议，让你有一个与其他人分享经验的地方。你还可以与其他家长联系，寻求支持。设立目标，为你的孩子和其他孩子、大人及家庭成员，建立更广泛的安全关系网络。

通过强大自己的力量，培养孩子的力量。列出你希望自己和孩子拥有的品质，张贴出来，作为提醒。对自己的选择感觉良好，你就会对自己的养育方式感到自信。

积极关系和富有关爱的互动将成为你家的核心，这些能给孩子坚实的力量和安全感。父母需要花一定的时间、耐心，去深切理解孩子想想你想要的结果。你是想解决一个阶段性问题，还是帮孩子提高重要的生活技能？盯住目标吧。

对归属感和爱的需要。

通过给予全心全意的情感，你会了解和欣赏真实的他们。真实的连接是你最强大的影响力。因为孩子最需要的，是和你之间安全、爱的关系。

第三章

做好成功的准备

制定好规则并做决定

> 搬家后，女儿们第一次共用一个房间。安顿她们上床后，我们吩咐她们“保持安静，躺着别说话”。我担心她们不好好睡觉。但是，听见她们窃窃私语，我和妻子真的不愿意执行这个规定。所以，第二天晚上，我们改口说，“只要尽快入睡，交谈也是可以的”。我们真心希望她们在成长过程中能分享快乐的记忆，成为好朋友。

为了让孩子做好成功准备，你面临的挑战是需要先想好哪些规则没有协商余地，哪些规则可以保持弹性。开始的时候，你可能不确定你希望怎么办，或者不知道什么方式对你家孩子最有效，因为在问题出现之前，父母很难知道要限制什么。

一个 4 岁孩子的母亲说："我给了儿子太多选择，现在很难收回控制权。说实话，我真希望我在他小时候就给他设定了安全界限。比如，他爬进冰箱找东西吃，有时候我置之不理，有时候出言制止。结果现在他老是爬进去，我知道这件事持续这么长时间，错在我。我一旦给了他选择，就很难纠正。"

一个 8 岁孩子的妈妈说："我们往往会在当时采取最容易的办法。我们说，'好的，你可以去朋友家玩儿'。上周我要她打扫了房间才能出门儿，她就不乐意了。我想完全是因为我的懒惰，但我不想让她难过，不想听她抱怨，所以我让步了。"

一个 5 岁孩子的父亲说："我有个习惯，每次去商店购物时都会给儿子买一袋口香糖，或者一个玩具车。我心想，再不能这样了。但是下次如果我不买，儿子就会以为我不高兴，认为我小气。我心知肚明，孩子们真的很困惑。"

也许，你的第一个孩子用了一段时间才能睡一整宿，而第二个孩子马上就睡着了。你可能以为这只是两个孩子的生理需求不同，气质有差异，其实，是你已经找到适合你和孩子的方法——对于如何让婴儿入睡，你有更多的招数。

提前做好的计划能帮助你从一开始就为成功做好准备，并缓解许多典型的行为问题。也许你一开始并不介意孩子把沙发上的垫子扯下来当脚垫，也不介意学龄前孩子去冰箱里找东西吃。

养育的决定并不是基于“正确的”大众行为准则，而是根据最适合你家的标准去执行。有时候，你不得不告诉孩子你改变了主意，并解释原因。然而，这样做对你更有好处：明智地选择基本规则，并且你知道，你选择的是你愿意坚持和执行的规则。

所以，一旦确定了具体边界，重要的是你需要贯彻决定，保持清醒的头脑和持续性。例如，如果你希望孩子们每天晚上睡前刷牙，那就尽量一晚都不要漏掉。一旦开始不连贯的模式，重新适应会很困难。当然也会有例外，比如，你回家晚了，不想吵醒睡眼惺忪的孩子，或者，孩子生病了。但总的来说，连贯的模式最好。

例如，孩子吃饭的时候，有些家长很难让他坐在高脚椅里，这是为什么呢？如果孩子只在椅子里吃东西，坐在椅子里、扣好安全带都是先决条件，那么，孩子就知道这是惯例。如果你允许孩子不在椅子里吃，或者做不到持之以恒，重建模式就要考验你的耐心。

安全问题至关重要，没有商量余地。“汽车启动之前，系好安全带。”“靠近滚烫的炉子时，要小心。”“出浴缸后踩在浴室的垫子上，这样就不会滑倒。”提醒孩子时，只需说：“我要你安全。”

孩子也会知道，有些规则是父母的规定，是必须遵守的。你可能不介意孩子在家站着吃饭，或者边吃饭边走来走去。然而，多想想那些有助于他们成功的社会技能。例如，在学校和其他地方，孩子们需

> 这一点很重要：告诉孩子为什么要制定规则，这样他们就有一个理解框架。一旦奠定了基础，你就可以把你的要求放在规则上，帮助孩子坚持到底，比如，“我们的规矩是饭前洗手”“我们的规矩是在餐桌上吃东西”。

要坐下吃饭。所以如果你在家里坚持这个规定，孩子们就会获得让生活更轻松的宝贵能力。你需要做的不仅是度过那一刻，或者捱过一顿饭，而是让孩子为将来做好准备。

每个家庭都会根据自家的偏好和风格，形成独特的规则。然而，你设定的期望，应该首先有助于孩子尊重他人的需要，同时照顾好他们自己。其次，选择你也愿意遵从的规则。一旦你确定了没有商量余地的事项，就要守住底线。在孩子小的时候就设定安全界限，随着他们显示出越来越强的责任感，再适当增加自由度。

花时间引导孩子

我要求孩子们：“你愿意在玩了以后收拾多少玩具，就拿出多少（玩具）。”但他们在朋友家玩的时候，朋友的父母一点儿也不在意孩子是不是马上收好玩具。我真心希望孩子们欣赏和尊重自己的东西，并且要负起责任。

孩子们品尝、触摸、探索，以及与环境互动时，兴趣和精力会扩大到每一个到手的选项，因此，最初在设置底线，知道什么办法最有效之前，要谨慎。倘若边界过于宽泛，所有地方和物品都在触摸范围之内，这样的先例一开，以后就很难逆转。例如，如果你允许婴儿玩妈妈钱包里的东西，他就不知道那些东西不是他的，还以为那是他的玩具呢。一旦你给婴儿一个带响声的玩具，把钱包单独放在一个袋子里，他就知道，妈妈的东西属于她自己。

有些行为，除非你愿意让孩子继续下去，否则从一开始就要予以制止。例如，幼儿玩遥控器，除非你打算让他以后也玩下去，否则，不要因为觉得这个行为可爱，就让孩子看到你的笑脸。一旦他玩按钮时，看到你忍俊不禁的表情，他会误以为这是得到允许的行为，他当然就想继续玩了。在孩子小的时候，你宁肯犯过于严格的错误，等到孩子成熟后，能足以承担责任，或者你不介意这种行为继续时，再逐步放宽限制。

设立界限难在需要预先确定你的要求。如果你无意持续执行，那就最好不要说“我想让你在起居室玩”，因为过了几分钟，你又同意孩子们可以把玩具带进厨房，无须待在起居室，那就等于告诉他们：不用在意妈妈提出的限制。所以，说话前最好先考虑清楚。

如果你一开始给了孩子太多自由，孩子并不知道很多行为的界限在哪里，后面再想要限制，就困难多了。同一开始就坚守边界相比，

> 我们往往希望孩子们猜到我们的心思，做从来没人教过他们的事情。实际上，你需要花时间向孩子展示与年龄相适应的必要成功步骤。

重新设定边界需要付出更多精力。要愿意展示、实践，并贯彻你希望孩子们学习的东西。

例如，天冷的时候，在你的帮助下，孩子们可以把鞋子放在篮子里，把手套放进盒子里，把外套挂在大挂钩上。然而，没有你的帮助，鞋子、手套和外套可能就又会躺在地板上。请持之以恒，不要时而跟在孩子后面收拾，时而发表评论，时而任东西就那样丢在地板上，要说出你的期望，教孩子应该怎样做。孩子收拾好了东西，请给予积极的评论。记住，要坚持贯彻你认为重要的原则。

通过观察情况，问一问孩子学到了什么，以此洞察孩子的行为。

- 如果爸爸偶尔把外套挂在椅背上，把手套丢在桌上，孩子就会有样学样。他们会认为：哦，有时候可以把东西收好，有时候不收拾好也没关系。
- 如果妈妈踩到了（地上的）靴子和手套，说了句“我踩到了这些东西”，然后就走开了，那么孩子学到的是她只是在抱怨，并不意味着应该把外套捡起来。
- 如果爸爸怒气冲冲地说：“把外套捡起来！这话我都说了四遍了！”

那孩子学到的是，一件事情，父母要说到第四次才会生气，前面三次他不一定需要听取意见，做出反应。他学到的是管好自己的东西，是为了避免让别人生气，而不知道保管好财物是一种可贵的品质。

和所有参与照顾孩子的人讨论哪些限制重要，哪些无所谓。要想取得成功，你就得通过大量的支持和鼓励，予以示范、教导和贯彻。

保持一致性

我们家的圣诞树装饰好了，孩子们非常兴奋，我想好了怎么教我的孩子们不要随意去动圣诞树的装饰品。我告诉他们："这棵树是用来看的，不是用来摸的。"他们非常喜欢圣诞树，但不会动手去摸。我反复说了几次："树是用来看的，不是用来摸的。"并且我拿了一篮子漂亮、安全的节日物品，给他们摸着玩儿。曾有位朋友分享了她的经验："我让孩子们用一个手指头摸树上的装饰品。"事实证明，这个办法是无效的。因为孩子们会先用一个手指摸，最后就变成了用双手摸。大人必须从"我们用眼睛看，不用手摸"开始设定明确的界限。

你设置的规则能保持儿童世界的秩序和安全。确定好界限，孩子们可以在界限范围内自由探索、表达自己的想法。值得注意的是，不要任意设置边界，要使用必要的规则，让孩子学会尊重和关心自己及他人这一重要功课。

一旦你设定了合理边界，请温和而坚定地执行。“我知道你想去爸爸的书房，那儿有很多有趣的东西。但你得尊重他的东西，这样他才能完成工作。不过呢，表演办公是个好主意。你想不想在厨房的桌子上办公呀？”我们的目的是帮助孩子以建设性的方式，满足他自己的需求。这样，他们既能学会创造性地解决问题，也学会了尊重他人的需要。

有时候，你的本意是好的，但时机不对。比如，你告诉正玩得兴致勃勃的孩子：“该离开游泳池了”或者“该睡觉了”。如果你不贯彻指令，让孩子立即从游泳池出来，或马上带孩子上床睡觉，那么，最好等到你有足够的精力，决心坚持到底的时候再说。

> 坚定，并保持善意！
> 一旦设定了规则，请务必付诸行动。相信你的直觉，如果感觉不对劲，就不要强迫孩子去做。贯彻执行，并帮助孩子完成必要的任务，或者以更积极的方式，获得彼此需要的东西。

你的言行不一致会传递很多意想不到的混乱信息，导致事情进入恶性循环。比如你有时候要求他们执行，有时侯又没有要求。你就成了一个啰啰唆唆的怪物，搞得大家都不开心。你的孩子从中得到的是，遵循规则不好玩儿，承担责任令人沮丧。

说到孩子的行为，首先需要接受训练的是父母！这个认识令人谦卑。因为孩子看到我们做什么，习惯了和我们一起做什么，孩子们就会做什么。这意味着，如果你想让孩子模仿你，你就得决定自己的行为方式。如果你让规则有趣、积极，孩子们就会学到合作精神，乐意参与家庭生活。以下分享通往成功的四个步骤。

- **以身示范。**如果你希望孩子把靴子收起来，那么首先把你自己的靴子放好。如果你需要做一些改变，可以这样说："在保持整洁方面，我做得不好。我踩到了我的靴子。从现在开始，我把它们放在这儿。"
- **循循善诱。**"我希望你也把靴子收起来，放这儿。让我看看你怎么把你的靴子放在我的靴子旁边，好吗？这样下一次你想穿的时候，随手就可以拿到。"
- **刻意演练。**"哎呀！我把靴子踢到桌子下面去了。我忘记做什么了？对，谢谢你提醒我该把它们放到哪儿。"然后和孩子一起，练习把靴子收好。
- **给出具体反馈，并贯彻落实。**下次和孩子一起进门时，可以这样说："你是我的好帮手，我为你感到骄傲。进门时，我们一起脱靴子，放好。"

很快你就会发现，习惯逐渐成为日常行为的一部分。你可以根据需要，重温这些步骤。

共进晚餐是最重要的一项日常投资。同父母一起吃饭，孩子就与父母建立起情感纽带，将拥有更密切的关系，也有助于孩子发展社交技巧和用餐礼仪。用餐期间，如果有地方需要改进，你可以采用同样的步骤：“我们希望获得更多的用餐乐趣，所以我们要把电话放到一边（放下书、提前摆桌子、一起吃饭、点上蜡烛）。”

你可以说：“今晚练习（把餐巾放在大腿上、闭上嘴巴咀嚼、坐下吃）。”吃饭期间，你把餐巾放到头上，问孩子：“这是放餐巾的地方吗？”或者大声咀嚼食物，问孩子：“我们这样子吃饭对吗？”笑过了，大家做出反馈之后，一定要感谢他们的共同努力。然后把话题转到晚饭后去公园散步的议题上，或者询问孩子们白天的情况。吃饭可以成为一天中最快乐的时段之一。

希望孩子做什么，决定权和行使权在你。

你的方式可能不同于他人，然而，一旦制订计划，你需要贯彻执行，最大限度去减少行为问题。孩子们知道你允许他们做什么事，也知道你是否能坚定不移。始终如一是一种礼物，它带来的好处能让你们享受一家人在一起的快乐时光。

牢记孩子的发展规律

> 我刚才对后座的小姑娘们大喊大叫，命令她们别捣乱。这时我们正好路过医院的广告牌，上面写着："我们救治人类的精神。"我知道，我刚才的表现对她们不公平。

怎么知道你的期望是不是适合孩子？也许你低估了他们的能力，需要提高期望值；又可能你的期望过高，需要调整。请记住孩子们在每个年龄段能做的事项，这有助于你更好地了解他们需要什么样的支持。例如，婴儿总在无休止地探索。任何触手可及的东西，都诱惑着他们去触摸、品尝。他们的情绪都是即刻性的。你打喷嚏，他咯咯笑不停；瓶子掉到地上，他乐不可支；你扮鬼脸、跟他藏猫猫，他觉得好玩极了。

你需要给婴儿以下东西：

- 持续的关注；
- 安全与舒适的环境；
- 可以放进嘴里的玩具和物品；
- 口头描述物品和行为；
- 适当的刺激和安抚。

幼儿时期，孩子一刻都不消停，爬沙发，把拼图大卸八块，琢磨如何打开和关闭垃圾桶、如何把抽屉里的手电筒拿到手；喜欢坐在礼品盒上，而不是把里面的礼物拿出来玩;钻到桌子下面，而不是玩上面的玩具;视线以内的东西，回形针、硬币、纸片、瓶盖，一律喜欢把它们放进嘴里。他们以最快的速度爬上爬下、爬进爬出，不停模仿别人的动作。他们身上洋溢着学习新东西的热情，此时，对父母有很高的要求：

- 你要有无限的耐心和无限的精力，跟上他们变化莫测的探索步伐；
- 无休止的安全关注；
- 协助解决问题，收拾玩具和玩过家家游戏时用过的物品；
- 教说话、回答问题；
- 阻止破坏性行为，让其进行安全的活动。

学龄前儿童喜欢玩假扮游戏，喜欢用他们生动的想象力创造戏剧性的拯救和冒险故事。他们独自玩耍时，会自言自语，对刺激的需求似乎持续不断。他们以穿别人的衣服为乐，喜欢建堡垒、堆叠枕头、用积木搭塔、用各种材料建模型。他们希望爸爸妈妈和他们一起玩。他们喜欢跑腿，帮忙做事——结果把事情弄得一团糟。父母需要提供:

- 满足孩子的兴趣和思想的创意，提供材料；

- 进行事件“怎么回事”的讨论，检视步骤和策略；
- 给予安全活动所需的材料和机会；
- 适当监督，既要确保刺激不过度，又要防止刺激不够；
- 安静的时间和空间，以及积极的体验；
- 组织和支持，提高孩子掌管财物的能力。

5 岁左右是儿童时期的一个黄金阶段，孩子们依恋正面的榜样，喜欢大人关注他们的所作所为。他们提出人生的大问题，天然地渴望了解一切。他们开始思考其他观点，形成更强烈的正义感。这时，你很容易发现他们的个人喜好和兴趣，因为他们专注于艺术、建构型项目，对阅读、舞蹈、体育运动表现出浓郁的兴趣。他们还会崇拜他们喜欢的英雄和榜样。父母需要：

- 满足孩子对父母的关注及共处时间的需要；
- 理解孩子的发展并非一以贯之；
- 给孩子提供积极动手实践的机会；
- 尊重孩子独特的兴趣、优势和禀赋；
- 监管孩子接触的媒体；
- 在冒险活动中，保持警惕，注意孩子安全；
- 支持孩子做选择、决策的独立性要求。

你的期望与孩子的发展阶段相吻合吗？孩子有能力达到你的要求吗？他会不会感到沮丧、受挫？

此时，你的期望要符合孩子年龄。你还要留意孩子的行为，看他是否拥有积极活动的心态。

如果孩子感到疲倦，身体不舒服，就不适合开展需要集中注意力的活动；如果孩子已经坐了一上午，那可能就不是开始新项目的最佳时机；如果他需要改变节奏，就让他进行积极的活动。父母对孩子的需求要保持敏感，这样你就能捕捉到信息，决定什么对孩子最好。

购物时，注意观察，看孩子是不是有疲惫的迹象，如果可以，早点儿结束活动，带孩子回家。你可能很想外出吃午饭，或者拜访朋友，但请想想此刻对孩子来说，时机是不是恰当。孩子是不是累了？是不是太小，是否能安安静静地坐着？了解这些情况，你可以及时做出恰当的反应。眼看孩子会拉上外套拉链，会说“请”“谢谢”，可以帮忙打扫卧室，请调整预期。然而，看到长时间静坐让孩子神情沮丧，没法独自整理好凌乱的房间，你也需要调整预期。确保孩子有能力完成你的要求，确保你的要求公平合理。

提前做好规划

> 我们准备去佛罗里达看望我父母，3岁的儿子兴奋不已。我们提前找了本书来读，练习如何“坐飞机”。出门当天，他带了一小包最喜欢的玩具车，我们带上了那本讲乘坐飞机的书。他应付自如，我们如释重负。

如果预先了解情况并做好准备，孩子们将会非常讲道理，会很好地跟随和配合我们。如果你要带婴儿外出办事，先想想需要带上哪些东西，如何安排先后顺序。考虑一下，你是否有足够的精力和决心应付各种情况。如果孩子只有一两岁，那你得想想他能不能坚持那么久，他会不会太累，没法应付局面。学龄前儿童需要知道怎么应对失望、沮丧之类的情绪，在必要的等待过程中，他们可能需要支持。如果你带年龄较大的孩子出行，请他们以与年龄相宜的方式帮助你，或者自娱自乐。

没有建设性事情可做时，孩子会凭着自身的创造力，满足天生的好奇心。选择可能是自给自足的：做白日梦、观看旁人、看书、玩拇指大战游戏、与兄弟姐妹玩闹、玩其他分散注意力的游戏，等等。有一个适合各年龄段孩子的好办法——设置应急包。如果你在外面待的时间超出预期时长，应急包将挽救这一天。可以在包里装进你认为孩子需要的物品（可以增加清单）：

- 零食包、水壶；
- 几本孩子喜欢的书；
- 装有蜡笔、铅笔、图画或贴纸书的塑料包；
- 装特殊玩具或小玩偶的袋子；
- 内装卡片、磁板、字卡等无声游戏的盒子/袋子；
- 装有小枕头和毯子的袋子；
- 孩子喜欢的玩偶、木偶。

带学龄前和学龄儿童去别人家做客之前，可同他们一起学习和练习良好的礼仪。提前练习很有乐趣，主人家会表示欣赏。例如：

- 说“你好”“谢谢你让我来你家”。
- 主人有请才吃，给什么就吃什么，不要提出另外的要求。（如果孩子对某些食物过敏，提前告知主人，并考虑自带零食。）
- 如果不确定是否可以做某事，请征得主人同意。
- 在屋子里的时候，请压低声音说话，走路放轻脚步。
- 离开之前，把玩具归还原位。
- 临走前可以对主人家说：“我在这里度过了美好的时光，谢谢你。”

练习轻声细语说话。如果发现小孩子不会轻声说话，你可以在他耳边低声说：“晚安，晚安。”然后让他轻声重复，或者试试这个办法：“嘘，轻点儿声，爸爸在睡觉！”和孩子一起窃窃私语，以此为乐。这样，到别人家做客时，孩子们更善于耳语，或者轻声细语。

> 提前让孩子知道情况：“可以出去玩20分钟，然后就必须回来，准备离开。”“可以在爷爷家玩无声游戏。带一些玩具过去吧！”

有许多精彩的书籍可以帮助孩子们做好旅行、上学、看医生的准备。去家附近的图书馆找几本书，和孩子一起阅读。几个简单步骤就可以带来很大改观。孩子休息和吃东西的时候，去杂货店跑腿是一种积极体验。如果他需要待在车里，而你对与孩子在一起的时间另有安排，去之前同他谈谈，帮助他理解你的需求并同意你的要求。

帮孩子做准备，就是帮自己做准备。前瞻性有助于你意识到，为了成功，孩子需要怎样的支持。提前练习各种技巧，排除问题，这样，你一天都会顺顺利利。

安排一个可行的制度

我喜欢逐件完成清单上的事情，可是当妈妈以后，我的世界被搞得混乱不堪。有些日子我感觉自己好像一事无成。听说有一项针对 7000 名母亲的调查表明，这些妈妈感到拼趣网（一个网络社交平台）给自己造成了很大的压力。我可以理解这种感觉。当我感到能力不足时，我倒不是想做到完美，我只是希望井井有条。

像大多数成年人一样，孩子们需要一个制度，以此来保持生活的秩序。外部秩序的作用，是帮助孩子管理例程和活动，能最大限度地降低孩子的沮丧感，比如孩子需要什么东西，马上就找得到，他的压力就没那么大。选择一种对你家有效的制度，诀窍在于你充分了解每个孩子，一旦发生让孩子情绪崩溃的事情，或者缺失了什么项目，那就需要检视计划。

如果孩子可以拿到架子上的玩具篮子，他们就可以很好地玩篮子里的玩具。学龄前儿童经常需要帮助才能保持物品的整洁和有条理。更好的办法是把一些东西放到一边，有特殊原因时才拿出来，而不要放那么多东西，搞得孩子无法独自管理。取用的玩具数量，应该以孩子几乎可以独自收纳为准。

对于学龄儿童，可以教他们一些能坚持下去的做法来收拾抽屉，让他们可以轻松放置和取用衣物。有些孩子喜欢挂钩、衣架，不爱用抽屉、架子，那就尊重他们的喜好。我们的目标是培养孩子的独立性，让他们有能力保持秩序，容易找得到要用的东西。这种掌控感可以增强孩子的信心，减少问题。

有了让物品和活动处于正常轨道的例程与组织化支持，很多问题就可以迎刃而解。以下建议也有助于你把家里收拾得有条不紊：

- 用无盖可叠放收纳箱（而不是抽屉）装内衣、袜子。
- 在浴室或床边放一个色彩鲜艳的迷你桶，放梳子、发饰。
- 针对家庭作业，用配有小袋子的板条箱或篮子放铅笔、钢笔、剪刀、胶带。
- 做一个清单，记录孩子放学后及早晨出门之前需要完成的事项。
- 把背包、饭盒和运动服放进门边的篮子、壁橱，可以随时抓起就走。
- 准备一项活动时，把所需步骤或名目列成清单、制作成图。
- 创造性地使用工具盒等收纳箱/包，收纳小件物品、玩具。
- 用贴纸在日历上标示活动和事件。

有很多好玩的办法可以让孩子们一起合作。比如，在浴池里放一个刮水器，洗浴后，他们可以用它清洁玻璃；给他们一个篮子或者盒子，装洗澡玩具。记住，预期要合理，别落下泡泡浴瓶子、妈妈的化妆包，它们可能会诱惑孩子好奇的心和管不住的手。

培养责任意识，但要认识到，孩子们的能力尚在发展过程中，还不能完全避免触碰不属于他们的东西。小家伙对姐姐的东西感兴趣，在孩子做事之前，对他表示感谢，这种温和的提示有助于孩子的成功：“谢谢你把纸屑扔到罐子里”“谢谢你把睡衣放进篮子里”。

你需要把大孩子房间里那些诱惑小弟弟小妹妹的东西放高些。“眼不见，不惦念”，这是隔绝诱惑的合理方式。

培养孩子们收拾东西的才能和习惯。帮助他们获得照顾自己的自信和能力。随着独立性的增强，能够管理好自己的空间会使他们感到自豪。从小做起，支持他们为使事情顺利进行，做出明智选择。当有一套办法能够帮助他们达成目标时，他们会乐于参与进来。

给予及时关注

5 岁的埃默上床前，我问他：“你的清单上有哪 3 件事来着？”其实并非真有一份清单，只是我在给他读书之前，会让他练习一下他需要完成的 3 件事。我让他在执行之前，先把这 3 个步骤大声说出来。起初我和他一起大声说，现在他快 6 岁了，可以独立完成这个例程。他得穿上睡衣、刷牙、挑选 3 本书。他上床后，喊道：“爸爸，我准备好了！”我就过去给他读书、抱他。这是对他成功执行的自然回报。

我们时常发现，在处理各种危机的时刻，我们应对自如，相反一些小小的沮丧倒令我们心烦意乱。不要等到烦心事发生了再去灭火，想想原因并及时给予关注，鼓励孩子和你自己。

为帮助孩子取得成功，请尽量减少他们的挫败感。这并不是说你要消除一切挑战，或者说让生活尽量轻松容易，而是说，你的确希望孩子减少不必要的压力，你需要掌握吸引孩子注意力的方法，帮助他们去记住需要做什么，让他们需要帮助时，能主动提出要求。以下方法有助于我们思考如何使沟通更有效。

- **引起他们的注意。**孩子专心玩游戏时，你在另一个房间叫他，他不一定听得见。除非遇到紧急情况，否则，请先走到孩子身边，先进行眼神交流，然后再开始交谈。靠近孩子时，可以拍拍他的肩膀，或者把手放在他的手臂上，进行连接。如果孩子在外面玩，可以用打铃，或者用意思是“马上”的词句提醒他。当你喊孩子时，你走到他们身边，那他们就会学到这个做法，当他们需要你时，也会走到身边找你，而不是在另一个房间大声叫你。
- **引起你的注意。**小孩子想要你给他什么东西时，可以用小指头挠挠你，这是一个好办法，不用打断你说话。你也可以用小指头挠挠孩子作为回应，让他知道你的谈话很快结束。忙完以后，马上把注意力转到孩子身上。

- **使用手势语言。**互联网上有很多关于手势语的介绍，比如，再来一点儿、圆满完工、暂停、小声点，以及其他常用词语的手势。手势语言可以帮助年幼的孩子传达愿望和需求。
- **安排一对一交流的时间。**孩子有时候只是需要说说话、想要说说话。你可以找一个和孩子一起去的地方，进行互动和连接。你可以问问他发生了什么事情，或者了解下孩子认为有什么方法和措施可以解决问题。单独联系建立的信任和沟通模式，将贯穿整个青少年时期。
- **加满情感油箱。**有时候，孩子只是需要你停下手上的事情，陪他几分钟。孩子过来拥抱你时，请把手上的事情放下，回应孩子的拥抱。在这些时刻，他可能会跟你分享一些印象深刻、甜蜜或者有趣的想法。
- **花时间玩。**格拉齐亚纳 · 科琴斯基（Grazyna Kochanska）和莎伦 · 雷（Sharon Ray）等研究者指出，和父母一起积极玩耍，有助于激发孩子的合作精神，以及其助人意愿和反应力。玩摇铃玩具，躲猫猫，堆积木；一起画画，玩扑克牌和棋盘游戏；开展户外游戏、捉迷藏、跳绳、球类游戏等，教孩子学会轮流等待与合作。需要完成工作时，你会发现孩子在游戏中练就的能力会产生溢出效应，形成愉快的团队协作。
- **排练所需步骤。**通过和孩子讨论计划，让他了解一些具体情况。“睡觉前要做什么呀？”“上车之前需要做什么呢？”通过提问，你会发现孩子了解哪些情况，不了解哪些情况。亲子之间的交谈会让孩子感到被接纳。

> 孩子们想要并且需要单独和父母在一起，得到一心一意的陪伴，这让他们感到与众不同。放开让你分心的事，跟孩子进行眼神交流，花时间听他们说话。每天至少保证同孩子单独待15分钟。

确保充分满足每个孩子对你的需要。你需要每天花一定的时间单独跟孩子在一起，让孩子觉得你对他全心全意。让孩子引领交谈和活动；也可以安排孩子和妈妈、爸爸约会，进行特别的散步、外出早餐，或者其他活动。

请记住你自己做孩子时的感觉，以及那种事事依赖别人，包括被接纳的感觉。告诉孩子你爱他们，这句话具有强大的力量。

电子产品的合理使用

女儿在学前班时，我主动担当起接她放学的任务。我目睹了一些父母坐在车里讲电话，孩子自己钻进车里的情形。我想看着女儿的眼睛，询问她一天过得怎么样。我只在早上和放学后才能见到她，所以我希望

女儿和我在一起的时间是她一天最快乐的时候。

电子产品可以使养育和生活更轻松便捷。朋友圈、微博、美食软件和 24 小时滚动新闻给人们提供了触手可及的信息；导航软件带你到达任何目的地；玩具俱乐部会把当月最受欢迎的手工和活动工具包送到你家；你的汽车甚至有自动扫描装置，可以自动泊车。当你遇到任何问题，几乎都有应用程序可以做出解答，许多人热衷于这种即时满足、与人及时联系的感觉。

很多事情也因此有了它积极的一面，例如，早上喝咖啡的时候，查看有趣的视频、阅读社交媒体上父母发的帖子，你会感到放松；再面对餐盘、狗和需要上学的孩子这些生活琐事时，你就不会感觉那么孤单。

电子产品带来的挑战在于你需要保持一个清晰的视角。它只是一种工具，可以使养育更加容易，但不要让它妨碍你成为专心致志的父母。给孩子掖被子、哄孩子睡觉时，手机帮不上忙。在公园里，当孩子喊“你看看我”时，请你把手机暂时放在一边，全身心地跟孩子在一起。此刻孩子需要你的关注，他正不遗余力地寻求你的注目。网络联系可能也很重要，但当下最需要

> 确保你已经处理好个人事务（查看社交网站、电子邮件、短信），可以全心全意关注孩子。

你联系的，是眼前的孩子。

设定界限需要付出努力和决心。如果家人使用电子产品的习惯需要改变，试着逐渐减少使用电子产品的时间。如果突然戒掉效果更好，但要预见到突然把手机放到一边，你可能会感到焦虑。有位妈妈说："我们在前门放了一个篮子，在家庭时间，每个人都要把电话放在那个篮子里。情况随之改变。我和丈夫的关系大为改善，我们又和孩子们一起开心地玩起来了。"

我们的目标，是以有目的的新方式，关注自己与孩子的关系。以下建议能告诉你如何开始。

- **始终如一。**规定全家人禁用电话的时间，这件事没有商量余地。
- **一起外出。**拜访亲戚、参加适合儿童的社区活动时，不带电话。
- **一起吃晚饭。**把手机放到一边，尝试点上蜡烛，换上新式菜肴和新鲜话题。
- **让孩子承担部分责任。**带孩子去购物，用他选的菜，一起做饭。
- **创造家庭乐趣。**举办游戏晚会、服装舞会，一起欣赏音乐，搞一场电影晚会。把注意力放在你们可以一起谈论的动物、旅行和其他话题上。
- **进入大自然。**带着孩子进行户外探险，大自然是最好的教学工具。如果不能出去，就把松果、嫩枝和树叶拿回家，用放大镜观看。

不要让电视屏幕占据你与孩子依偎的时间，最好等孩子睡了你再看电视；监控新闻，确保孩子们不会接触到恐怖画面，尤其是那些反复播放的图像；有意识地回顾，周到的计划会给你的生活带来很大的变化。你现在设定的习惯和模式，将贯穿孩子的青少年时期。

美国儿科学会指出，2 岁以下的儿童不应该接触媒体，2 ~ 12 岁的儿童一天看一两个小时电视，而且要有大人监管。有研究者发现，儿童每多看一个小时电视，发生注意力问题、语言能力降低、行为问题和霸凌行为的概率就显著增加。因此，儿童使用媒体需要家长持续、耐心的指导。没有认真的监管，使用电子产品会对儿童产生有害的影响。

处理孩子的纠缠

我知道我应该更多地说“不”。但说实话，我儿子觉得好玩的事情，我也乐在其中，他知道我喜欢和他一起玩。这是一种习惯问题，但我不知道如何停止让步。我总是没有办法拒绝他，比如我会不停地给他买东西。现在，只要我一说“不”，就会引起冲突，这是我的错。

处理孩子的纠缠是父母面临的最大挑战之一。“爸爸，求求你给我买好吗？来的路上我很乖。我好想要一个呀！”新电影刚一上映，片中人物的形象已经出现在杂货店商品架上，歌曲中、玩具市场上也随处可见，“现在就买”的信息无处不在。

美国东北大学法学院公共卫生倡导研究所认为，每一年，4 ~ 12 岁孩子对父母的纠缠直接导致 3300 亿美元商品的销售。研究人员玛丽·斯托里（Mary Story）和西蒙娜·法兰奇（Simone French）发现，孩子提出恳求时，60% 的时候父母会买苏打饼干和糖果。

大多数家长之所以妥协，是因为东西不贵，或者是以此奖励孩子的良好行为。无论是孩子要求买甜麦片、零食还是玩具，纠缠是大多数家长都害怕面对的挑战。如果不刻意改变，纠缠就变成了一种难以改变的习惯。

如何为孩子设定合理的限制，减少孩子纠缠带来的压力？以下小贴士能助你自信地做准备，处理事情。

- **记住，眼不见，心不念。**不让幼儿接触过多的零食和玩具广告，让他们远离杂货店的糖果通道。别带着孩子一起去玩具店买东西。
- **提前把购物计划告诉孩子们。**“我们要去杂货店买东西，我们今天只买购物单上的东西。你可以给自己选一个水果，并且帮我把食物放在收银台上。”“我们要给杰姆斯买礼物，但不是给我们自己买。我们可以谈论喜欢的东西，但今天只买聚会需要的礼物。”

- **让孩子使用现金。**让孩子们使用10块、20块现金，他们因此会明白，开支是有限度的。如果你经常使用信用卡或者银行卡，他们就不理解那张塑料卡片和消费限制之间的联系。
- **抵制应得感。**生日、假日之外的时间，孩子们想要什么东西，让他们自己攒钱或挣钱买。如果孩子想要一个玩具，让他通过帮你做家务事获取。看见存钱罐里的钱越来越多，孩子才会认识到努力和金钱之间的重要联系。此外，这还教会了孩子一种重要的能力——等待。
- **告诉孩子们真相。**食品公司经常使用人物角色和广告诱惑孩子们，请给孩子解释，并和孩子们讨论垃圾食品中不安全的成分，以及告诉他们身体对健康食品的需求。
- **表达感谢之情。**真心感谢你所拥有的一切。与其谈论你梦寐以求的厨房、浴室，或者你希望拥有的衣服，不如让孩子无意中听到你对生活中美好事物的感激之情。

延迟满足是一种必要的力量。如果你屈服于孩子的每一个奇思妙想，那他们怎么能够在十几岁时学会说“不”？在孩子尚且年幼时，这个更大的目标可以帮助你坚定决心。如果孩子纠缠不休，让你感到束手无策，你一定要保持冷静。

孩子们越早意识到你不会让步，就会越快地把注意力转移到其他事情上。对孩子说："对不起。我知道你想要，但今天无论如何我们都不会买的。"然后把你的注意力转移到下一件事上，"我们赶快回家吃午饭吧。"你想提高嗓门的时候，请压低声音，保持镇静，坚持你的立场。

不要提高嗓门大声嚷嚷，轻言细语有助于你控制情绪，保持思路清晰，并引起孩子注意。

培养能力

我的第4个孩子需要做多次心脏手术，我为他感到非常难过，所以平日里很少限制他，尽量满足他的各种需求。他想吃薄煎饼，我说好；他想吃鸡块，我忙不迭地买给他。有一次，我的丈夫终于出言干预："他需要吃妈妈给他做的东西。"我意识到自己因为内疚而忽视了所有的规矩，是我的情绪妨碍了我。我需要客观地认识到，我要像对其他几个孩子一样去对待他，他也需要一致性和行为界限。

事情出错时，不要发怒、情绪失控，想想如何利用日常事件，把握这个机会去教育孩子。孩子有偏好和任性冲动之举是正常的。他们正在学习如何在行动之前先进行思考，有了这个认识，你会更加耐心，并且意识到，错误是学习的机会。你可以传递给孩子以下这些重要的想法。

- **有时候，你必须等待，得到想要的东西需要耐心。**规则是人生的重要组成部分。有时孩子会因此而失望，但在那些时刻，你可以表现出对他们的善意、认可和支持。这样，孩子们知道你在为他们谋求最大的利益，会更加快乐，感到安全。
- **犯错误没关系**。我们可以从自己的选择中吸取教训——“我忘了把雨靴拿进来，所以它们进水了，我得把它们放在热排气口吹干。下一次，我绝对不会把它们落在外面。”这让孩子知道，没有谁完美无缺，你处理自己失误的方式给孩子们教益。下次孩子在外面脱靴子时，你就可以说：“还记得我上次忘记把雨靴拿进来，发生的事吗？”
- **战略至关重要。**调整策略可以带来成功。“我的手是湿的，盘子滑到地上摔碎了。下次拿盘子之前，我会把手擦干。”孩子们知道，即使你心情不好，你也可以谈论当下所发生的事情，并为将来计划更好的方法。
- **行为有后果。**把当前的决定与将导致的后果，还有它们之间的联系告诉孩子。例如，回家吃饭之前，孩子可能想把自行车扔在草坪上，或者把篮球放在室外，你可以提醒他们：“保持干燥可以防止生锈，延长自行车的使用寿命”“把球放在篮子里，方便以后用”。一旦他们知道这些道理后，简单提醒就够了："请把自行车放好。""请把球放进篮子。"

> 教给孩子正确的步骤和行为。当孩子模仿到不良行为后，改正起来要困难得多。此时，孩子需要被看见、理解，并且学会执行大人的要求。

- **思考有好处**。教孩子思考，帮助他们培养理解能力，并教导他们对自己的行为负责。问一问："我们可以怎么做呢？""我们还能做什么呢？"帮助孩子形成行动之前先思考的能力。

意料之外的情况也可能时有发生，但每一天你都能朝着目标前进。只要明智地设定你的期望，提前计划，同时了解孩子需要哪些支持，事情就会变得更加顺利。

第四章

采取有效的积极引导

什么是积极引导

> 光是应付日常生活，我们就已经忙得人仰马翻，所以很少考虑女儿将来会成为什么样的人。老师说她是当领导的料。在家里，她也喜欢帮忙，常常有很棒的想法，但每当她坚持按自己的方式行事，我就气不打一处来，忍不住对着她大喊大叫。我希望她对自己感觉良好，并且以积极的方式运用自身的优势。

如果你不记得自己小时候发生的事，有了孩子以后，你很快就会想起来的。当你心情沮丧，还没来得及考虑后果时，那些你似曾相识、曾经听过的话就已经脱口而出：“不准出门！”“照我说的做！”“马上听从我的指令！”

在事情出错，尤其是压力巨大让你的承受力达到极限时，你就很容易情绪失控，大呼小叫。如果缺少有效的办法，你就不能以积极的方式纠正和引导孩子，哪怕是最好的父母也会采取惩罚性措施。当你意识到你的做法把情况变得更糟糕时，你多么希望可以收回、修正刚刚说过的话。所以，如果知道了规训与惩罚的区别，你就可以停止消极的模式，为孩子和自己创造你真正想要的结果。

人们说“那个孩子需要一点规训”时，通常情况下，真实的意思是，孩子应该受到惩罚。但是，惩罚导致的问题会多过解决的问题。惩罚针对的是孩子不愿意或者不会做的事情，它通常基于这样一种信念：痛苦、羞耻或尴尬会促使人改变行为。事实上，罗斯玛丽·米尔斯（Rosemary Mills）、伊丽莎白·格肖夫（Elizabeth Gershoff）等心理学研究者认为，惩罚实现的效果与初衷刚好相反，由此产生的羞耻感会导致孩子截断连接。实际上，成人的愤怒或痛苦会带给孩子压力，使他们无法集中注意力，更不可能记住必要的教训或技能。惩罚使得孩子依赖他人的干预，而没有学会到达成功所需的技能和自我调节。最终，孩子和父母都很沮丧。

羞辱和痛苦让孩子得不到人类对教育、安全感、善良和尊重的需要。它隔离了孩子对身体、心智和精神的敏感。而这些正是我们希望让孩子建立的东西——对身体及其功能的意识，行动之前思考的能力，对自我和他人的需要持有开放的良知与同理心。

惩罚依赖于父母的愤怒、权力和胁迫，不仅打破了彼此信任所需的情感联系，而且昭示了使用权力可以解决问题的信息，这恰恰与我们希望传达给孩子的意思背道而驰。孩子从中只学会了用武力支配他人，而不是通过说明情况解决问题，以积极的方式做出回应。

惩罚给孩子埋下自我怀疑的种子，而不是自信。由于挨打、受到伤害和羞辱，孩子长大后的自我价值感会很低。研究表明，父母经常打孩子屁股有损孩子的自尊水平，影响其心理健康。发展心理学家伊丽莎白·格肖夫和安德鲁·格罗根·泰勒（Andrew Grogan Taylor）曾指出，在青少年时期和成年以后，这种情况常导致自我挫败和成瘾行为，而在自尊水平高和健康积极的行为中，就看不到这种情况。威胁看上去似乎可以阻止一些行为，但实际上孩子只是出于恐惧暂时停手罢了，同样的行为模式会一而再，再而三地发生。因为孩子只是暂时地顺从了要求，并没学会考虑自己或他人的需要。惩罚会让孩子觉得自己是个失败者，甚至觉得自己没有他人的威慑、胁迫，就不能做出积极的选择。

格肖夫的研究回顾持续证明，诸如击打、拍打、打屁股之类的体罚方式给儿童的心理健康造成了终身伤害，并没有证据表明它们带来什么好处，或者促进了积极的行为。惩罚性方法导致儿童基于羞耻的自我评价：“我是个坏人。”《人类关系神经科学》（*The Neuroscience of Human Relationships*）的作者路易斯·科佐利诺（Louis Cozolino）

和达西雅·纳瓦茨（Darcia Narvaez）在“儿童道德情感和道德认知”一章中，联合国儿童基金会在《建立更好的大脑：儿童早期发展新领域》（*Building Better Brains: New Frontiers in Early Childhood Development*）中都曾指出：我们能够理解，每个孩子都需要安全、积极的引导方式，这种方式使孩子学会自我调节，发展同理心，并保持精神与心理的完整性。

积极指导的重点是教孩子们学会成功所需的技能。指导意味着给予建议、指引、教导。在理解孩子的前提下，父母的指导能赋予孩子积极的力量。有了指导，孩子获得了成功的记忆，也就学会了下一次应对的方法。这种方法重新定位父母的作用——他们应该是积极的模范，是能支持孩子、帮助孩子发展能力的人。

我们指导孩子的目的不是让孩子按照“我的要求”行事，而是灌输真正的合作精神。孩子会做好事，是因为他们乐意，他们喜欢为别人做好事。孩子得到支持和尊重时，他们就会变得关心他人，因为他们真的善解人意，对他人的需求敏感。父母需要帮助他们找到目标感，让他们富有同理心与责任感，知道自己的行为和言辞有着重要意义。这些优势不是来自强迫，而是来自富有爱的关系，以

> **随时记住，你是成年人，任何事态的演化最终由你负责。孩子不具备你的判断力和经验，不能要求他承担最终结果。**

及满怀关爱的指导。

孩子愿意与你保持连接，是因为他们知道，你关心他们的最佳利益，你保护他们对同理心和尊重的深层需要，这样他们就会对你的指导保持开放。

事情不顺时，不要斩断（与孩子的）连接，更不要暴跳如雷，而是要采取相反的行动。如果孩子表现得一塌糊涂，你千万不要一时急火攻心，这时，你可以保持敏感和关心孩子的态度，然后扭转局面。请你利用每一个受挫的机会，帮助自己和孩子学会更好地处理问题。

积极的关系导向有助于你有效地应对孩子的行为，避免常见的挫折。如果你厌倦了当行为警察，或者想要摆脱权力斗争，那么，你可以了解促进合作的办法，培养孩子的能力，加强你们之间的联系，让彼此的相处充满乐趣。

实践积极的观点

> 作为父亲，我认识到了积极态度的力量。一旦你选择以感恩的态度生活，意识到孩子会和你一起迈向那样的生活，生活便会随之改变。我总对孩子说，他们是自身“态度和命运”的掌握者。他们喜欢对任何事情都具有掌握感！

你是孩子一生中最有影响力的人！也许有人做过这样的评论："你儿子混合牛奶和麦片的方式跟你一模一样。"或者说过这样的话："我喜欢你女儿像你那样笑，她有你的那种幽默感。"你要相信，孩子一直在默默地追随着你的脚步。

你教给孩子最重要的功课，就是你所示范的东西。事情出差错时，你如何应对？你有办法笑对挑战吗？别人生气的时候，你是怎么收拾局面的？当你感到有压力时，你会说什么？最重要的是孩子需要你时，你会花时间认真倾听吗？孩子做错事，你有什么反应？在这些日常互动中，你可以表现耐心、慷慨、灵活性、幽默、善良，以及尊重。

我们会看到，有的家长会趴在汽车座位上大喊："别闹了！小点儿声！"很容易看出，你要求孩子停止的行为，正是自己在采取的行为，这是多么讽刺。在家里，如果你的另一半说："该走了。"你是马上走，还是继续用手机发信息，或者在电脑上工作呢？如果你继续在电脑上工作，那当你叫孩子出门的时候，他不马上行动，你有什么可惊讶的呢？

你一直想方设法让孩子吃健康食品，而你自始至终在橱柜里藏着巧克力棒。你希望孩子做到的事，自己率先示范很重要，积极的行为应该从你做起。

> 示范你希望的行为。孩子们一直在观察大人，长大后，他们会像你一样——不管你是否愿意，你就是他们学习的榜样。

也许孩子们以不可思议的方式，潜移默化地学到我们不希望他们学到的微妙特质。有时候，问题微不足道，你尽可付之一笑；有时候，意识到孩子从哪里学到某种行为时，以理解的态度去看待会有好处："我儿子做什么事情都要等到最后一刻才动手。我知道他是向我学的。"我们不该责怪孩子，要知道，孩子们的行为是通过自然习得和重复周围人的行为而形成的。

认真思考你希望孩子拥有怎样的行为和品质，这对你有帮助。以下这份清单可以很好地帮你意识到，从你处理情绪的方式中，孩子们能观察到什么。

- 有所期待而感到失望时，我该如何回应？
- 事情出错时，我能马上集中精力，找到通往成功的新途径吗？
- 感觉不舒服的时候，我能以健康的方式用心考虑我的需要吗？
- 感到有压力时，我能采取措施让自己平静下来，重新调整情绪吗？
- 感到无计可施，或者灰心丧气之前，我是否寻求了帮助，或者说明了我的需要？
- 有人妨碍了我，或者耽误了我的计划，我表现出善意和关心了吗？

不可思议的有效育儿秘诀，是从你自己的示范开始。如果你希望孩子有耐心、同理心和体贴之心，那么他们也必须看到，你在行动中表现出这些特质。这种意识可以促使你采取积极的行动，以及对自己与他人的关系进行有意义的改变，激励你以诚实、真实的方式去寻求成长。

辨识妨碍成功的行为

> 保姆带着我5岁的儿子，去她的牙医那儿拿东西。途中，他们进了一家杂货店，迎面就是烘焙食品柜。孩子说："我们不吃那种东西，里面全是糖。"当时他也可以说："我要一个。"由于我们给他讲过糖的种种坏处，因此他态度坚决。回家后，他跟我说起这件事，我非常兴奋，原来我们说的话，他都听进去了。

想想你改变自己的习惯多么艰难。然而，有时候，我们却期望孩子立即改变行为。如果你使用的教养方法或技巧不起作用，那么你很容易就认为自己失败了，或者孩子没法改变、不会改变。倘若你继续使用无济于事的反应和行为方式（而又期待不同的结果），那将会妨碍你探索新的方法。

孩子好的行为需要得到支持，或者你需要采取新方法时，你有必要找出某些阻碍成功的行为。一旦你弄清楚自己的行为，明白它为什么没有效果，就可以用有效的策略取而代之。这样，你会与孩子保持牢固的关系，对他们产生强大的信心。

许多人用威胁的方式，让孩子服从他们的命令："要么好好玩，要么就不玩了。""停下，不然休想去看电影。""挨着我走，否则就回家。"这种做法意味着，你用威胁拿掉了最符合孩子利益的东西——跟他的朋友一起玩，看电影，跟你一起开开心心地散步。

权力斗争会导致孩子与你对抗，而不是跟你合作。命令是一种权力斗争，因为它们给了孩子拒绝的权力，实际上它背离了你希望达到的目的。"马上过来。"如果他不来，你怎么办？威胁等于发出惩罚意图的声明。孩子被告知，他会得到他不想要的东西，比如去角落里待5分钟，或者他想要的东西会被剥夺，比如玩耍的时间。"如果你不把自行车推进来，那你一个星期都不准骑。""如果不停止那些噪音，你的朋友就必须回家去。"孩子可能会选择一个星期不骑自行车，而不是把它推进来，可他无所事事时，你就不得不想办法应付。闹腾的孩子可能会停下来，这下你就得帮助他们把精力放到别的事情上；让孩子的朋友回家后，你得另外想个活动和他一起玩。

实际上，你确实希望孩子好好玩，而不是罚他暂停，或者送他的朋友回家。你希望他骑自行车消耗精力。开始的时候，威胁可能有效，因为孩子害怕失去喜欢的东西。然而，他只是在外部控制下被迫顺从，而不是觉得可以为自己的决定负责。他没有学会用自己的意志、自己的内部控制来合作。让孩子出于恐惧而服从，这样的做法剥夺了孩子合作的喜悦和自豪感。内部调控才是我们的真正目标。

随着时间的推移，当孩子对威胁充耳不闻，父母不持之以恒执行的后果时，情况尤其突出。例如，如果家长说："在购物中心乱跑这件事我已经跟你谈过十次了。别再跑了！"这表明前九次孩子没有听家长的话，而家长也并没有坚持到底。不如换这种说法更有效："我知道你想跑步。回家后，周围没人，你可以尽情地跑。"这种反应方式能帮助孩子学会以安全、健康的方式满足需要。而权力斗争只会使你陷入无效和令人沮丧的挫折循环之中。当然，孩子处于危险或失控状态，可能伤害自己、危害他人时，你需要介入，但不要依赖权力和强制，要灌输合作精神。

父母需要以与孩子年龄相适应的方式，把主权交给孩子，让他理解责任，他就会建立内在的规则和独立性。

积极引导、影响孩子，而不控制他们的行为，把孩子的注意力集中在需要做的事情上，激发他谦恭有礼的思考和关注方式。引导孩子和给他们灌输基本的人生准则，让他们产生自我引导的行为、加强内心的力量、塑造必要的性格特质，表达真实的精神意愿。脱离权力斗争后，你会以崭新的眼光看待孩子，他们将以非凡的方式开始成长。他们会变得慎思明辨、周到体贴，并且能够关注到当下的情况，以及周围人的需要。因为给自己和他人带来欢乐与满足，他们也会为此感到自豪。

取代而不是制止不当行为

> 我把橱柜低矮的区域清理干净，在里面放上塑料容器和其他安全的用具，并把查理和露丝的玩具厨房靠墙放好，画了一个纸板炉子，固定在椅子上。现在，我做晚饭时，我家小厨师也忙着烹饪呢。

许多人以为，行为引导就是制止不当行为。但实际上制止只是暂时结束一种行为，不如学会转移、改变注意力的方式，引导孩子采取更健康、有趣、有益的行动。想要制止一个行为时，你需要以另一个行为取而代之，而不要把注意力导向你讨厌的行为。

你可能会问："如果我不直接指出那个错误行为，孩子怎么知道不去做那件事？"事实是当你将行为指向另一个选项时，孩子就会内化一个经验。他得到的经验是，不是说那个行为不好，而是他有更积极的选择，可以用更健康、更安全的方式来满足需求。例如，如果小孩往桌子上爬，不要说"别爬到桌子上，不安全"，可以抱他下来，告诉他："来，我们待在安全的地面上。"

> 当你不喜欢孩子的某种行为，想让他换一种行为方式时，可以对孩子说："来，假装我们在执行秘密任务，看能不能不弄出声音，偷偷溜上楼去。"如果孩子乱跑，别直接制止，找点事让他参与进来，比如让他帮你把麦片盒放在架子上就行了。

一个是消极的选项——不做什么事，另一个是积极的选项——做什么事。听起来可能微不足道，但第一种方法关注和阻止无效、讨厌的行为，第二种方法则着眼于让孩子把注意力放在新行为、新习惯上。

我们的目的，是让孩子做与不良行为相反的事情。把你希望他做的事告诉他，让孩子的心思脱离他正在做的事情，把注意力转向更有建设性或者更安全的行为。你需要做一些练习，才能想到希望孩子做什么，并把注意力集中在你希望创造的积极成果上。以下是一些范例。

- **对婴儿**

“把食物放在托盘上。”（而不是“别扔掉豌豆。”）

“我们穿着袜子吧。”（而不是“不要脱袜子。”）

“我们去厨房看娜娜吧。”（而不是“别爬进浴室。”）

- **对学步儿童**

“把画笔放进水里。”（而不是“别放进嘴里。”）

“把肥皂喷到浴缸里的玩具上面。”（而不是“别把肥皂喷到地上。”）

“来，帮我把橡皮泥滚过来。”（而不是“别摸铅笔。”）

“来，我们在客厅捉迷藏。”（而不是“给我从衣柜出来。”）

- **对学龄前和学龄期儿童**

“画画之前，我们先用垫子把桌面铺起来。”

（而不是“给你说过别直接在桌子上画画。”）

"来，帮我把切好的橙子摆在盘子里。"

（而不是"别惹你妹妹好吗？"）

"我们跳蹦蹦床吧。"

（而不是"马上从沙发上下来"。）

"你可以在地下室拍球。"

（而不是"别在起居室拍球。"）

把孩子的精力导向另外的方案，这样做会给你很大的帮助。孩子不可以在床上跳来跳去，但可以到外面跳蹦床、自由奔跑；不能在起居室拍球，但可以在大厅扔豆袋。有位妈妈让她的五个儿子每天晚饭前围着房子跑十圈，就算是雪雨纷飞的冬天也不例外，因为她决心让一家人共进晚餐。重新做安排，把精力集中到积极的活动上，这样一来，情况会大大改观。在孩子大些之后，引导孩子采取积极解决办法时，一定要有创意，要尊重孩子。邀请他们跟你合作，并以积极的方式教给他们所需要遵守的准则。

让孩子走向合作

去商店时，我想带上一些玩具给孩子玩。我们把小玩具放在午餐盒里，由他负责选他想要带的东西。

小家伙很喜欢这个做法，在车里乐滋滋地玩他自己打包带来的玩具。

父母可能以为，合作就是让孩子按你的话去做，但这不是合作，而是服从。如果你让孩子对自己的生活有适当的掌控权，他就更有可能听从你的要求。合作的意思是彼此愿意参与配合，一起实现共同目标。对自己的计划拥有主动权时，孩子内心会产生强烈的动力，以积极的态度配合完成必要的任务。

当然，如果时间紧迫，或者涉及孩子的安全问题时，你需要抱起孩子，迅速转移到另一个地方。但一般来说，给孩子选择会赋予他们力量，激活他们内在的合作意愿，有助于培养其独立性。

随着年龄增长，孩子将面临无数的选择，有些无关紧要，有些可能改变人生，有些甚至可能把孩子置于险境。所以，从孩子小时候开始，我们就需要逐步帮助他们提高选择能力。给孩子积极的选择，让他们去完成一件事，让他们学到创造积极结果的方法很多，总是有选择的余地。

要有效地做到这一点，你首先要向孩子说明他们需要做什么。然后，提供两种解决办法。例如，“在停车场，我们需要牵着手。你想牵左手，还是右手？”“外面很冷，需要拉上大衣拉链。你想自己拉，还是需要我帮忙？”“你的作业还在等着你呢。你想现在做，还是饭后马上做？”通过示范特定的选项，向孩子显示有哪些可行的选项。想出两个让孩子愿意执行的好方法，需要做一些练习才行。

如果孩子不做选择，只需把选项复述一遍，告诉孩子："你选哪个？不然我就要选了。"然后贯彻执行。如果孩子仍然不选择，那就替他选。以后再遇到这种情况时，他就知道你会给出两个选项，并且贯彻执行。通过采取这种方法，权力斗争烟消云散。你不但保留了确保所需结果的权威，还把责任的所有权交给了孩子。

对于建立真正的合作和意愿，这个转让选择权的步骤至关重要。"该上楼睡觉了。你想和爸爸一起上去，还是和妈妈一起上去？"一旦孩子开始爬楼梯，那就是出于他自己的选择。选择权增加责任感。

给孩子两个选项。两个选项都是积极的，都是你可以接受的："你愿意踮着脚去洗手间，还是跳着去？""该上车了。你想穿运动鞋，还是靴子？"明确需要做的事情，给出两个积极的选项，然后说："你选择，不然就我决定。"

孩子们积极参与时，他们觉得对自己的事情有更多的掌控权，可以选择对自己最有利的选项，因此他们更愿意合作。除此之外，当前的成功提高了未来成功的机会，因为孩子们了解并且实践了有效的方法。

有时候，儿童在着装方面表现出强烈的偏好。有时候服装的选择很重要，有时候并没什么要紧的。例如，你们一家人要去你妈妈那儿，你已经为女儿挑好了衣服。“我们要去外婆家。你穿蓝色连衣裙，或者紫色裤子配粉色花衬衫，怎么样？你更喜欢哪身衣服？”如果女儿说：“我想穿我的红色公主裙。”你可以说：“蓝色的裙子，或者紫色裤子配粉色衬衫。你选一样，不然就我来选。”然后对着她的耳朵轻声说，回来的时候，红色公主裙会等着她。如果她依旧犹豫不决，你可以帮忙选择一套，同时马上转移话题，谈论外婆准备的一个活动，果断推进行动。当然，如果你不介意的话，从一开始就可以让她穿红裙子，这样就可以省掉这番口舌。

以下分享提供更多选择的说法。

- **早间例程：**我们需要穿好衣服。你想先穿衬衫，还是先穿裤子？
- **洗澡时间：**该冲洗肥皂了。你想像乌龟一样游泳，还是像鱼一样摆动？
- **睡前例程：**该刷牙了。你想两分钟完成，还是三分钟完成？
- **该离开儿童游乐场时：**差不多该回家了。你想五分钟内离开，还是六分钟内离开？
- **孩子需要喝水时：**我知道你渴了。你想用蓝色的杯子喝水，还是用红色的杯子喝水？
- **改玩更安全的活动：**我们可以在后院玩。你想要玩呼啦圈，还是玩皮球？

- **在杂货店让孩子帮忙：**我们要买百吉饼。你可以选择有肉桂的，或者普通的。
- **该收拾的时候：**我们需要把绘画颜料收拾好。你愿意拿盒子还是拿刷子？
- **晚餐时间：**我们需要摆桌子了。你愿意擦哪一边？我擦另一边。我们是一个很棒的清洁组。
- **需要保持安静时：**妹妹在打盹儿。你经过房间时，是想像小猫一样踮着脚走呢，还是想像小狗一样匍匐前进？

孩子们有绝妙的想象力，他们很快就会跟你一起创造有趣的选择。

许多家长质疑积极激励是不是好方法。对于学龄前儿童和学龄儿童来说，这些方法有助于激发新行为。然而，正如艾尔菲·科恩（Alfie Kohn）在其《奖励的恶果》（*Punished by Rewards*）一书中指出的那样——如果对已经确立的行为进行激励，可能导致儿童为之付出较少的努力。因此，使用这些措施时，应谨慎、节制。

激励在作为与任务相联系的提示或提醒时，效果最好。例如，每天放学回家后，你想让孩子完成一项任务。可以把任务写在索引卡上（如果他还不识字，请使用图片），将卡片夹在海报板上，或者钉在他看得见的公告板上。完成任务后，孩子可以自己把卡片从公告板上的

“待办事项”一边，移到“完成”一边。在无须你提醒的情况下，孩子如果连续在指定的时间内完成了任务，就可赢得一项事先约定的活动。只有是孩子愿意做的事情，并且是在他独立完成的情况下，激励才有效果。如果约定的事情有内在价值，例如赢得和妈妈一起享受一顿特别午餐，或者与爸爸看一个晚上的视频，就会有效。我们最终的目标是建立合作关系，让孩子为自己的成就骄傲，为自己的能干而开心。如果有节制地使用这些激励策略，而且是在孩子愿意尝试的情况下，激励就可以成为一种趣味盎然，启动新习惯的方式。

儿童心理研究者认为，孩子们天生就有渴望获得成就感的动力。他们生来就是积极的参与者，希望做出贡献，提供关心，他们为此做好了急切的准备，拥有强烈的动机。当自己做事的能力不断提高，他们会为此感到自豪。他们非常喜欢为他人的快乐做出贡献。你可以为他们提供大量实践机会，让他们通过做出正确的选择而获得成功。他们会积极加入进来，因为你把责任交给了他们。他们会看到自己的决定产生的结果，知道自己让好事情得以发生，知道如何再次创造那样的成果。

我们的目标不是惩罚孩子，而是帮助他学习。“把玩具收走以后，就可以来吃零食了。”如果孩子没把玩具收走，而是放在桌子上，你一定要抓着他的手，默默地把他带回玩具面前。一定不要让事情就此过去，这会让他觉得，即使没按你的要求行事，你好像也没有注意到。

孩子需要知道，你有底线。你得说话算话，并坚持到底；孩子需要认识到，你对自己的要求坚定不移，说到做到；你能丢下商店的购物车，放弃公园的游戏，或者离开一个活动，抱起孩子回家。

你可以提前让孩子做准备，并鼓励他们积极参与。“收好储物柜后，你可以去朋友家玩。你想不想知道怎样才能收拾好？”如果孩子同意，并且理解必须先收拾储物柜，那么在完成任务之前，他不能去朋友家玩。储物柜收拾好了以后，他就可以去了。能去朋友家玩是履行责任的结果，而不是对成功的奖励，或者对失败的惩罚。

一旦你用心帮助孩子变得更加负责任，能做出正确选择，他们会尊重你，也会尊重自己。鼓励他们不断增强自我管理能力，帮助他们驾驭日常挑战和生活乐趣。这是一种令人满意的养育方式，因为你会看到好的结果：孩子变得能干，会关心人。

转移焦点，向前看

孩子们互相叫对方便便头、粪堆脑袋，边叫边咯咯笑，做着怪相。我告诉他们：“我小时候，每个人给对方选一个蔬菜名字，一整天都用那个名字叫对方。”让我吃惊的是，夏洛特说：“我想当胡萝卜。”她弟弟笑着说：“我想当西兰花！”他们的朋友佐伊说：

“我是豆豆。”他们瞬间就改变了思维方向，撒开脚丫，朝秋千架跑去。孩子们不费吹灰之力就学到一招：不用重复一些傻乎乎的语言，也可以玩得很开心。

学龄前的孩子们经常大声呼喊：“看我！ 看我！”父母通常会鼓励孩子为获得新技能感到自豪，我们知道，他们喜欢我们的关心、注意。孩子把球踢回给你，你可能会鼓掌、欢呼。你可能会感谢你家孩子，赞扬他是好帮手。孩子到了上学的年龄，一旦学会做一件事情，你可能会大肆宣扬。同时，如果孩子扔食物、打翻东西或者跳到沙发上，你也可能会小题大做。当你把注意力指向一个行为并且大惊小怪地强化它，就会把局面变成权力斗争。充当行为警察令父母疲惫，甚至搞得养育毫无乐趣。

明智的做法是，忽略轻微的不当行为。你可以假装没听见没看见，走到一边去，把注意力放在别的事情上。这类似于让孩子合作的积极方式，在孩子进行的行为没有危险、不具破坏性、不令人尴尬却并不令人喜欢时，请明智地减少投入你的精力。只要孩子安全、开心，不管他刷牙的时候，是走来走去，还是叽叽歪歪、口水滴答，大可无视，就像什么事都没发生一样。

这个做法可以非常有效地减少亲子冲突。与其劳神费力地制止一项行为，不如把注意力放在你希望孩子做的事情上。例如，如果宝宝正在学步期，看到他准备触碰充电器，此时你可以默默地将他从手机充电器那儿牵开，并对他说："来，我们玩手推车吧。"把宠物碗拿到小孩够不着的地方，代之以幼儿可以触摸的球和杯子；摸着他的手，柔声地说："你打人家，人家会痛的。我们温柔点儿。"这样就缓解了紧张气氛。你的言行一致，会强化孩子的边界感和期望值。

孩子分分钟都在发现新事物。他们发现自己有能力把想法变为现实，他们情绪热烈，好像一切都令他们兴奋。他们刚开始发现自己的极限、能量和兴趣时，喜欢跑、跳、扔东西。此时你与其对不喜欢的事情大费周章，不如尽量减少情绪反应。把精力放在培养你希望孩子拥有的能力，比如，想办法让孩子给你帮忙。你可以教他如何给狗喂食，请他帮忙把饭菜盛到碗里。让孩子加入使他对家庭生活感到激动的活动中，教他如何做出安全、有趣的决定，帮助他以令人满意的方式满足需求。

> 看到令人尊重的行为时，形成进行描述的习惯。"太棒了！你把靴子放在垫子上。""你用双手把外套挂好了。""你的背包妥妥地放在架子里。"这种叙述方式和具体的反馈，能帮助孩子们关注有效的行动和策略。

一旦你不喜欢的行为不再成为问题，孩子就会继续前进。这些让你和孩子相互撕扯的行为将会过去。看你没有任何回应，他会在刷牙时忘记流口水，他会停止抱怨。看到你重视的行为时，请给予正面的反馈："你帮爸爸拿那些书，你真体贴。”“你找人借铅笔时，语气非常礼貌。”孩子知道你注意到了他们负责、善意的行为，就会明白你在意这些行为。

需要介入某种情况时，留意你关注的重点。如果孩子推了弟弟妹妹或者朋友，我们本能地把注意力放在肇事的孩子身上。此时你不要把重点放在不当行为上，以下措施能帮助你及时扭转方向。

- **查看受伤孩子的伤情。**“很抱歉发生了这样的事，让你的感情受到了伤害。”抱着他说，“来，我们一起活动一下身体。”
- **给孩子与生俱来的良知以时间，让它慢慢发挥作用。**把受伤的孩子带走，让推人的孩子有时间考虑他的行为。他可能会感到惊讶，为什么他那一推，被推的孩子得到了安慰和支持。
- **在你和行为不当的孩子都冷静以后，重新审视这件事情。**你可以陪孩子一起读一本关于善良的书；讨论当时的情况和发生的事情；问问孩子，他可以采取什么办法满足自己的愿望。这个时候，他所处的心态可以使他公开谈论发生的事情，并准备好学习善良的深层功课。
- **角色扮演。**演练积极有效的策略。在孩子再次遇到挑战时，提醒他你们之前的谈话，问他：“我们说了要怎么办来着？”“妹妹拿了你正要使用的颜料，你可以怎么说呢？”
- **保持关注。**当孩子很好地解决了一个挑战时，你可以立即用语言把有效的做法讲出来：“谢谢你的善良。你把自己的需要告诉了简。”

你的回应把孩子的注意力指向有效的解决办法，让他知道了你在庆贺他的成功。

- **相信你自己和你对孩子的了解。**你最了解你的孩子。可以立即让孩子安安静静坐在你的膝盖上，讨论刚刚发生的事情。如果孩子对这个做法反应很好，那就采用这个办法；如果稍后再谈对孩子更好，那就稍后再谈；如果孩子需要立即同你交谈，此时他需要帮助或者安慰，并且你们的情绪都处于平静状态，那也可以。

我们的主要目标是觉察自己的反应方式。抓住一切机会，培养自己健康积极行为所需的技能。抓住能够让孩子接受教育的时机，以便更好地了解孩子，用理解和信任的做法鼓励他们的进步。当你专注于积极面，转向培养技能的心态时，你会发现，养育子女可以变得有趣、充实。

从孩子的角度看问题

我4岁的女儿很享受泡泡浴，她可以整夜待在那儿。我先这样说："你起来后，我给你读书。"她把身体蜷缩进水里，说："好温暖啊。"接下来，我把大浴巾举在胸前，说："帮帮忙啊！我是一条伤心的干毛巾，因为没有小女孩要我给她擦身上的水。”于是她刺溜一下爬出了浴缸。我想到了曾经沮丧的时刻，不停地大声命令她：“出来！出来！”而用好玩的办法以后，事情变得容易多了，而且因为她是自己乖乖地出了浴缸，她感到很自豪。

专注于积极方法的父母发现，养育子女充满乐趣。这种方法通常需要使用新的方式，需要你思考如何回应孩子。与其在事后纠正行为，不如考虑可以预先采取什么措施，让孩子做好成功的准备。

当然，孩子需要你提醒对他们的期望，但总有一天，他会对你说：“知道了，知道了。你不必提醒我。”这是孩子日益成熟的标志，表明自律已经得到内化。你只需笑笑，感谢孩子为自己负责、照料自己的事情：“你值得信赖，真是太棒了！”

父母保持对事物的洞察力非常重要。儿童时期，孩子的行为和情绪调节能力仍在发展中。你要关注最重要的目标：共享时间、愉悦、幽默感、共处的舒适感。以下分享一些支持你成功的方法。

- **始终向前看。**早早改变行为，比事情发生后再做反应和弥补，要容易得多。孩子年幼时，你需要随时关注周围环境，保持前瞻性，预见潜在的问题。

- **言简意赅。**孩子骑在三轮车上，像疯狂的杂技演员那样找平衡，这时，不要说："我的天啊，你会掉下来摔破脑袋的！然后我就得打电话叫米莉阿姨过来看着弟弟妹妹，好让我带你去医院！"简单一句话就够了——"把脚放在踏板上才安全"。过了睡觉时间，孩子还不睡，与其警告"还不马上上床，你明天在学校会打瞌睡的"，不如说，"睡觉时间到了"。话越简短，孩子越听得进去！
- **实践新技能。**使用本章中的策略，直到得心应手。这些方法可以单独使用，也可以根据需要组合使用，以此唤起孩子的合作和责任感。你可以写日记，记下发生的事情，或者需要沟通的事件、你的处理方法，以及孩子的反应。记录下效果最好的做法。
- **尽可能把"不"变成"是"。**孩子说："我可以出去吗？"不要说："不行，现在不可以。"你可以尝试这样回应："好的。吃了午饭，午睡后，你可以出去玩。"如果他说："我想造一艘宇宙飞船。"你可能忍不住想说："今天不行。会把家里搞得一团糟的。"相反，你可以这样回答："这个想法太棒了。我们搜集材料，等爷爷来了，请他帮助你完成设计。"肯定并鼓励孩子好的想法，会使孩子更愿意合作。
- **教导并练习简单的礼貌。**"不用，谢谢。""请问我可以要点儿吗？""谢谢你！""不客气！"这些礼貌用语永不过时。自己一定要做好示范。孩子打嗝时离开桌子之前，或者一句"抱歉"会受到欣赏，一句“感谢你带给我们美好时光”会让人喜欢你的孩子。花点儿时间教孩子生活礼仪，把它们变成好玩的事情。

- **尊重童年。**对你而言重要的事，对孩子来说不一定重要。他们热衷于玩乐，而你专注于责任。他们除了吃饭，其他时间里，想象力促使他们停不下来。在你头痛欲裂，想要安静的时候，他们的身体却命令他们旋转、翻滚、舞动。他们尽力取悦你，希望自己变得能干。在邀请他们加入你的世界之前，一定要先肯定他们的世界：“你玩得很高兴。我喜欢看到你旋转、跳舞。但现在我们需要在5分钟内去接你弟弟。”“你的建筑色彩鲜艳，好有趣。我很高兴看你把它拼起来。我知道你还没有完成，但我们需要很快离开。”你先进入他们的世界，再邀请他们同你回到你的世界，这种做法让他们感到了尊重。你会看到，他们回应你的方式会明显不同。

一旦你站在孩子的角度去思考他们对一件事的看法和感受，你会获得敏锐的理解。你让他们感觉安全吗？你帮他们变得能干吗？你增强他们的自信了吗？你把他们纳入对话了吗？你是否有耐心，表明你很高兴有他们在？安全感是孩子人际关系和学习成长的沃土。

第五章

培养孩子的责任感

培养小帮手

> 在姐姐家做客时，她要我儿子帮忙摆桌子。那时他刚满6岁，我认为他还不会做这些家务，于是我出言干预："他从没摆过桌子。"我姐姐说："那现在该教他了。"我没有想到原来他竟然那么喜欢帮忙，我非常惊讶。在那一周，他每天晚上都主动帮忙摆桌子。

皮尤研究中心曾有一项关于父母态度的研究表明，责任感是父母最盼望孩子具备的特质。几乎所有受访者（约93%）都认为，教孩子拥有责任心特别重要。排行前三的另外两个品质，是努力工作和帮助他人。要培养孩子这些特质，首先要把关心和帮助他人作为日常生活的自然组成部分。

选择与孩子年龄相宜，适合他们参与帮忙的活动。要诀是尽早开始，逐步培养能力。例，尿布的时候，幼儿喜欢把尿布拿给你，虽然这对于你来说需要付出额外的时间，但孩子觉得帮助整理很好玩。学前班的儿童喜欢把罐子堆起来，他们为自己做的事感到骄傲；他们还喜欢一边帮你做事，一边跟你说话。和大人一起做事可以成为孩子的一种愉快的例程。

帮忙是一种自然而然的愿望，这种愿望，孩子在很小时就有了。幼儿站在水槽边，想帮你洗碗，如果一开始就得到你的首肯，他会觉得帮忙很有趣；如果你不同意，认为他现在才两岁，不值得费这个神，那么，到了三四岁，你就会发现，要他帮厨可不容易。所以，要趁早利用孩子早期的兴趣，为未来奠定基础。

在孩子小时候，可以从你们一起做的小事开始。“你帮我拿着花洒，我非常开心。这样做饭太好玩了。”完成家务的过程中，你们的谈话充满欢声笑语。即便是水槽边的那几分钟，也会让孩子产生积极的情绪，并把愉快的心情和洗碗、收拾相联系。

如果你让孩子觉得，帮忙是一件令人快乐的事，你们建立的模式就会持续下去。有一天，你的孩子会成为让别人快乐的成年人，能乐滋滋地加入完成必要任务的行列中去。

> 把家务琐事变成挑战，把任务变成游戏，把“必须”变成“想要”。父母需要先向孩子示范如何愉快地努力做事。

婴幼儿会观察成年人如何完成简单的事情。你同他们谈论手上正在做的事情，他们就可以了解世界如何运转。“我们把牛奶放回冰箱里。请帮我把门关上。”“让我们把面条放在橙色的碗里。”“爸爸正在放咖啡过滤器。打开水龙头，把水倒进锅里。”花时间描述每个步骤，这么做可不仅仅是教给孩子词汇，这种日常交流将点亮孩子的大脑，建立新的连接。温暖、安全的感觉能建立数千个神经元连接，创造出最佳学习效果——促进孩子新语言的爆发，以及对概念的认知和理解。苏珊·兰德里（Susan Landry）等人赞成这个观念：在互动过程中，积极的情感、温暖而敏感的回应都能鼓励孩子共同参与，促进其语言和学习的发展。

在玩耍过程中，幼儿会反复练习技巧。把螺丝钉放进塑料瓶，然后再拿出来；把玩具倒进盒子里，推着盒子跑来跑去；每天翻来覆去十多次地穿鞋、脱鞋，神气活现地来回走动；前一分钟把塑料碗放在头上当帽子，下一分钟把积木放进盒子，又倒出来……他们看到成人做什么，他们就模仿什么，这些活动让他们的身体灵活性和技能与日俱增。通过自己解决问题，他们了解了事情的发生经过，也满足了他们想知晓事情如何发生的好奇心。

许多幼儿都痴迷扫地。他们非常喜欢丢垃圾、踩垃圾箱脚踏板、开关盖子。看到大人做什么事，他们就有模有样地模仿。就这样，很快他们就学会如何协调活动，比如，把东西放进手推车，送到目的地；追逐滚到椅子下面的球……有些父母把幼儿期那几年称为“进进出出”

的年龄，因为孩子们整天就是把东西放进容器里，然后再拿出来。在这种日常活动中，他们养成了思考和自立的好习惯。

随着孩子年龄渐长，你可以邀请他们帮忙做简单的家务，比如折叠衣物。当然，孩子们可能会滚进衣服堆，或者坐在洗衣篮里玩，而不是给你帮忙。真心享受一起洗衣服的时间，你的耐心终有回报。下面我们看看如何让孩子学会帮忙做家务，将做家务逐渐变成日常生活的一部分。

- **低年龄的幼儿可以帮忙：**

把脏衣服放进篮子里、桶里，你为此由衷地欢呼；

把衣服放进洗衣机、烘干机，并把门关上；

把尿布拿给你，帮你把尿布放进抽屉、篮子；

把杯子、碟子放在餐桌上；

取出洗碗机里的小件物品；

把一些玩具拿走并收纳好；

把书放在书架上，或者放回你提着的篮子里；

离开浴缸之前，把沐浴玩具捡起来，放进容器里；

协助照料宠物。

- **3 ~ 5 岁的孩子可以帮忙：**

把衣服挂在与视线同一水平线的挂钩上；

将手套、帽子放到衣架上、衣柜里；

擦窗户、掸灰；

清洗、擦干碗碟；

洗澡后，用刮水器清洁浴缸；

用醋、水混合液擦拭镜子；

和你一起遛狗；

把食物、水倒进宠物餐盘；

把餐巾叠好，放在餐盘边；

用苹果去芯机切苹果，做一个花生酱三明治，给食物涂上奶油；

称量菜肴配料，摆盘；

把玩具分门别类地放回篮子、架子；

根据颜色深浅分拣衣物；

把清洗干净的衣物放回架子、抽屉。

- **5～8 岁的孩子可以帮忙：**

在大人指导下摆桌子、备餐；

清洗、擦拭宠物笼子；

尝试洗碗；

收集需要洗涤的毛巾；

把垃圾桶套上垃圾袋；

在大人指导下洗衣服；

在大人指导下栽花种树，照顾植物；

在大人指导下用吸尘器除尘、做卫生。

孩子进行清洁工作需要大人协助。教给孩子一个原则：作为家庭成员，你得管好自己的东西，参与对大家都有意义的活动。在给孩子提要求的时候，要明确孩子需要做的事。如果你只是说“去打扫你的房间”，那么，这个指令太空泛，孩子可能感到不知所措。你可以和孩子一起去到他的房间，让他理解你需要他做什么。“来，把被子拉起来，把毯子铺平。”“来，把这些脏衣服放进篮子里。”“来，把毛绒玩具放到篮子里。”如果你们一起做事，那就可以减轻负担，把日常生活变成一种乐趣，而不是一桩桩琐事。

有位爸爸讲述他和女儿的故事，“我告诉 8 岁的女儿，‘我们制订一个打扫你房间的计划吧。我们想想怎么可以把房间收拾得井井有条呢？’她说：‘我需要整理衣服和书。’于是我说：‘把你所有的衣服堆成一堆，把玩具放进收纳箱里，然后来找我，我会帮你把书放到书架上。’后来，我帮她整理了衣橱。”循序渐进的可行计划，会让孩子觉得每个步骤都可控，并且他明白你会检查进展，如果有必要，你也会帮忙。

让孩子看到他照顾自己的东西有好处。“晚上爬上一张干净的床，那感觉很好。”“把东西放回原处，节省下次找东西的时间。”关注结果有助于孩子掌握过程，而不仅仅因为是你要他们做事。

请关注孩子做事情的过程。“在垃圾桶里套上垃圾袋比较好，这样很容易把垃圾送到垃圾站。”“你的学习用品保管得很好，我为你感到骄傲。你真的很有条理。”“你这样处理你的收藏，我真的非常开心。相信很长一段时间里，你都会喜欢这些东西的。”孩子取得进步时，及时给予称赞：“这周你的房间一直很整洁。你怎么做到的？”“看到你和罗比一起在那儿玩，真有趣！”孩子承担责任时，予以关注，让他们知道你在意他们的行为过程。

不要替孩子做他们力所能及的事。让孩子过度依赖你，这对他们可没好处。让他们理解，参与家庭事务是生活的自然组成部分。要知道，料理家务事能带给孩子自豪感和好处，会让他们成为心情舒畅、适应良好的成年人。

热情具有感染力。拥有一颗快乐的心、言语欢乐的人，能激发他人的合作意愿。和孩子一起工作是打开话匣子的好时机。如果你想知道孩子在想什么，就跟他一起做事吧。当孩子看到你眼中闪烁的光芒，知道你会把一起做事的过程变成一段愉快的时光时，他们将会更期待跟你一起做事。

巧妙地使用词汇

我对5岁的女儿艾米莉说：“嗯，你得回去睡觉了！”她说：“我的眼睛不知道怎么睡觉。”第二天早上，她爬到我的膝盖上说：“我想抱抱。”我说：“我喜欢和你抱抱。我爱你，你爱我吗？”她回答：“还有哞哞（她的毛绒玩具）。”这是养育孩子最美好的部分——在你最意想不到的时候，孩子突然说出那些甜蜜、有趣的话语。

语言具有神奇的力量，它能打开你与孩子连接和沟通的世界。孩子跟父母分享自己的想法，父母报以笑声和喜乐，这能使孩子学会真实地表达内心的感受，这样的孩子更不容易发泄情绪。如果孩子经常与父母进行热情、有趣的交谈，他在学校各个方面都会表现得更好。语言相当于助力的燃料，在它的推动下，儿童的情绪控制能力、学习力、沟通能力，以及与他人建立健康连接的能力，都会上升到更高的水平。

你每天思考与自己说话的方式，借助它成百上千次引导你的行为和决策。对孩子来说，也是如此。他们借助语言与他人交谈，得到需要的东西；与自己交谈，让自己保持在正轨上。语言还能帮助他们发展与保持牢固的友谊。

与你在意的人交谈时，一定要有意识地思考谈话内容，想想对方对什么感兴趣，或者有什么令其记忆深刻。在与孩子的日常交谈中，可以采取很多方法促进语言的丰富，这会给孩子带来更多好处。

- **对于婴儿：**

与他进行反复的互动。婴儿发起交谈时，你需要聆听并给予回应，要让他知道，他可以促成好事情发生，并且他对你很重要。你模仿他的声音，他会觉得很有趣。这样来来回回的逗乐、微笑，就能连接他大脑的语言通道。

可以一边做事，一边做口头描述。“来，爸爸把你抱起来，放进高椅子里。”还可以用描述性词语谈论感受。“我饿了，迫不及待地想吃草莓。”“我有点儿难过，姥姥必须回家了。”“你看起来有点儿疲倦。我们去坐摇椅吧。”

在孩子做事时，进行口头叙述：“你把大大的红色积木放在下面，上面放上黄色的积木。接下来放哪块积木呢？”

谈论各种声音和动作。“听！你听见飞机的声音了吗？”“你看，那儿有一些小鸟在叽叽喳喳地叫！”

同孩子谈谈如何识别情绪。“你的笑容很美。你看起来很高兴。”“太好玩儿了！我喜欢和你一起笑。”“你皱着眉头——是心情不好吗？”

为孩子选择带有实物照片和体现日常生活经验的图画书，教孩子指认物品。婴儿在会说话之前就能指出物品了。“宝宝的眼睛在哪儿呀？”“猫咪在哪儿呢？”在他能独立指认之前，予以指认，并给出答案。“宝宝的眼睛在这儿！”“那是猫咪！”

同孩子一起玩手指游戏，玩“躲猫猫”“小蜘蛛爬水管”“宝贝多大了？”之类的游戏，要不了多久，孩子就会要求：“再来一次！”把孩子作为爱和注意的中心，这是你享受这类互动最重要的原因。

- **对于幼儿：**

及时给予孩子正面反馈。“很好，你把车修好了。你是一个了不起的问题解决者。”

注重他们的优点。“你没有半途而废！你把椅子挪开了，这是个好的选择。”

用准确的情绪词语描述他的心情。“看得出来你有点儿难过。我们抱着泰迪熊一起读书吧。”“我知道你生气了。我们一起把豆包丢进桶里吧。”“好高兴啊，奶奶要来了！我们给她画幅画吧。”

教他唱表达心情的歌曲。例如，可以用《幸福拍手歌》的快乐歌词代替表达情绪的词语。根据情绪改变节奏和语调。

开车、散步的时候，给孩子编故事。例如，讲你看到鸟妈妈找食物的故事。问：“小鸟躲在哪儿呀？”“鸟妈妈喂它的宝宝什么东西？”

鼓励孩子阅读。去图书馆找写实画作，或者表现真实生活物品和活动的图画。每天安排一些时间，和孩子一起找个舒适的地方读书，根据书中人物编对话，或者描述图中发生的情况。提出问题，然后回答，直到孩子开始能独立指认并做出反应。“小女孩在干什么呀？哦，她把球踢给小狗。”“小狗跑来抓球。球在哪儿呢？”（指着球）“它滚到树下面去啦！”边说边指着树。孩子很快就会拿起一本书，一个人读起来，也会拿着书，找你一起读。

- **对于学龄前儿童与学龄儿童：**

关注并描述孩子积极的行动。“谢谢你的帮助，诺兰，你真好！”“你把姐姐的书捡起来，真是太体贴了！她很开心。”“谢谢你约丹尼尔一起玩。你真是个好朋友！”让孩子知道，你注意并在意这些积极的行为，他们会以更积极的方式为他人做出贡献。

聚焦孩子会做的事情。“让我看看你做了什么，给我讲讲，好吗？”对大一些的孩子说：“我喜欢你的设计。可以解释一下它怎么运转吗？”专注于过程，而不是最终结果，这样，孩子就会形成做事能力。不要仅仅说“看起来很棒”，试着说，“你在边上做了一个图案，我喜欢你的做法”。

亲子共读表达孩子特定情绪的故事。“她感觉怎么样？”“你会有什么感觉？”“他做什么了？”“你会怎么做？”

同孩子分享创意性艺术项目。谈谈色彩和图案表达了怎样的情感；演奏提升情绪的音乐；让孩子学会用创造性的艺术表达情感。

坚持写情绪日记。让孩子口述或者记录：“今天，我身上发生的最幸福的事是……”“今天让我愤怒的是……”“我希望你会……”“真希望我可以……”“希望我不必……”“我很好奇……”

邀请孩子谈谈对他而言重要的真实感受。随着孩子年龄的增长，记日记会成为美妙而有益的生活习惯。

> 把你想让孩子做的事唱出来，孩子会因此感到惊奇。用熟悉的曲调编一首歌，描述你在做的事，或者你想让孩子做的事。

坚持给孩子朗读。年龄稍大的孩子喜欢听章节故事。你可以每天读给他听，即使他可以朗读给你听了，也继续给他读。

唱歌可以激发孩子的情绪，让他愿意捡起地上的玩具或者完成一项任务。你可以唱一首会唱的歌，或者随口编一首歌谣："我们就这样刷牙、刷牙、刷呀刷，清早我们就这样刷刷牙！"

增强唱歌的节奏感，可以吸引孩子注意力，促进孩子完成任务，并能鼓励他们采取积极的态度，开始一天的例程。这也是另一种让你和孩子共同享受语言、韵律和节奏的方式，能帮助他们保持积极的情绪。

真实地表达情感

带儿子和女儿去医院时，我告诉儿科医生，孩子们相处得很好。就在这时，他俩却突然相互大呼小叫，拳打脚踢，令我羞愧难当。

人的情感非常复杂！我们首先要知道如何确认自己的感觉，然后才能采取行动，再进行处理，或者讨论。有时候，甚至大人也没有意识到自己心情不好。所以，孩子不高兴时，常常需要大人帮助，才能识别自己的情绪。他们首先得认识到自己心情沮丧了，才能采取措施，让自己平静下来。比如，孩子可能胃痛，感到焦虑想打人，或者生病了。他得先能够注意和识别身体的变化，然后才能区分失望、愤怒、失控、失去理智等各种情绪。

对于孩子来说，这些事情很复杂，需要大人陪在孩子身边，帮助他们关注情绪，并准确描述情绪类型，然后进行调节。他们还需要大人帮助抚慰情绪。你可以同他们谈论正在发生的事情，并分享恰当的应对方式，比如，拥抱、抱着孩子轻轻摇动、深呼吸或者交谈。整个儿童时期，孩子都需要你时刻的关注和及时的支持。

这种支持过程，就是情绪的共同调节、情绪辅导。孩子们需要大人帮助他调节情绪，以及理解他人的心情。事实上，人们往往会用找朋友交谈，趴在朋友肩头哭泣，甚至抱着宠物等各种与外界产生连接、依赖的方式来实现情绪调节，而不是全靠自己。人类是相互之间依存度很高的社会化存在。

要知道，处理自身情绪对我们来说并不容易，你有了这种认识，就要对孩子怀着同情心，耐心地对待他们。如果我们给孩子抚慰，教给他平息情绪的办法，他就可以更快地平静下来，并寻求安慰，而不是任情绪失控；并且他们将学会在情绪不好时自我安慰，而不是被情绪左右。

帮助孩子处理情绪是需要优先考虑的事项。做好以多种方式培养和支持情绪能力的准备，并且记住，我们需要一生的练习才能成熟起来。

- **怀着爱心做准备。**缓和情绪，而不是与孩子对抗。“看得出你心情很糟。我抱抱你吧。”待孩子平静后，心平气和地谈谈能怎么帮助他。
- **舒缓的抚触。**皮肤的接触会促进大脑释放催产素，缓解人的紧张反应。随时摩挲孩子的手，摸摸他的手臂，挠挠他的背、脖子。在他需要安慰时，你会是他最喜欢找的人。
- **给予支持。**你可以问：“我可以为你做什么？”“怎么才能得到你需要的东西？我们可以一起做什么？”听到这种充满关心的话语，孩子就会敞开心扉，乐意合作。
- **分享平息情绪的策略。**当你感到紧张、沮丧时，向孩子示范如何冷静下来。“我要做几次深呼吸，让情绪平静下来。我需要几分钟的时间，想想怎么办。”
- **把重点放在解决方案上。**“需要怎样做，才能解决这个问题？”“我们需要什么条件？”充满关爱的话语能帮助孩子把注意力更快地转移到解决问题的方法上。
- **如果孩子很好地处理了情绪，请及时关注并加以肯定。**“你告诉姐姐你很沮丧，我很高兴你这么做。”“你把一个本来无聊的时刻变得充满了乐趣，我非常喜欢看到你这个样子。”

- **改变当下的环境。**当有情绪的时候，可以到附近去散散步、玩玩沙或者戏水。
- **使用转移注意力的物品。**拿个软球或者液体计时器玩一玩。触摸和令人心情平静的景色，都可以抚慰不安的情绪。
- **到一个舒适的空间。**创造一个舒适的角落，对孩子说："我看你呼吸很快（或者在生气、发出沮丧的声音），把毯子和枕头抱到舒适的角落里，让身体平静下来吧。"
- **播放安静的音乐。**对孩子说："请帮我把这首歌放上。然后，我们可以依偎在沙发上一起听。"
- **一起完成一项艺术活动。**感官触摸可以令人平静。用剃须膏或者手指颜料做手指画，或者在纸上勾勒孩子的身体轮廓，这些都是帮助孩子重新集中情绪，舒缓焦虑的方法。
- **阅读。**有很多读物描述了如何以敏感的方式应对儿童的行为和情绪。可以给孩子看这些童书，或讲这些故事。
- **观看舒缓的视频。**年长的孩子可以观看管弦乐队演奏、慢节奏的野生动物影片，或者表现大自然的视频，以此来平息情绪。

对他人有同理心，表现出宽恕或同情；以富有成效的方式，认识和管理愤怒情绪；处理失望情绪；承担责任，而不是怪罪别人……这些都极具挑战性。想想成年人为提高这些技能，需要花费多少心思，何况是孩子。所以，在孩子学着处理自身的复杂情绪时，这个观点将帮助你保持耐心。

示范如何对自己的感受和行为负责："我很不耐烦，夺走了遥控器。对不起！"孩子们很快就会学到，自己是情绪的主人："我很生气，于是抢了他的玩具。我很抱歉！""我对瑞安很刻薄，我抢了他的卡车。"花时间和孩子谈谈发生的事情，让孩子们明白，情感是人际关系的重要组成部分。我们要为自己的行动和话语负责，这样做需要实践和耐心。

帮助孩子学会自我控制

哈佛大学儿童发展中心指出，大脑的交通控制中心有一组叫作执行功能的能力，其中包含转移和集中注意力的能力。执行功能有助于激活能量，也有助于延迟满足，或者抑制行动。执行功能通过自我对话，帮助人记住需要做的事情。自我对话是指对自己说话。自我对话指导我们的行为，让我们列出清单，或者制定日程表。情绪低落或者焦虑时，这些技能有助于调节情绪，帮助我们平静。教孩子对时间、身体、情感、财物和个人空间负责任，这是一项艰巨的任务。了解这些技能共同作用的方式，你就可以更加认真地思考如何支持孩子。

培养孩子的独立性

> 我儿子 5 岁，每天早上都会为穿什么衣服闹脾气。后来，我找了个放鞋的架子当衣架。我们给每个格子标上周一到周五的日期标签，放上他每天要穿的衣服。从此以后，他就可以自己穿衣服了。

"自己动手！"是大多数 3 岁儿童的内心宣言。然而，独立的渴望和执行任务的体能之间，还存在着差距。随着孩子的协调能力逐步加强，他们才有了实践技能，并逐渐适应，这个过程呈现为一条学习曲线。父母需要对孩子在每个年龄段所能做的事情保持敏感，并提供必要的支持，帮助他去做他想做的事情。

孩子上学后，老师经常会奇怪，孩子明明自己会拉拉链、系鞋带，可他们的父母还在帮他们做这些事。你可以问问老师期望孩子自己在学校能做哪些事，这样你就可以在家里提前给孩子教授和巩固这些技能。等孩子独立面对社会其他环境的要求时，他的能力将大大提升。帮助孩子获得所需技能，这样可以大大降低他的挫折感。

恰当的提前介入，争取每一次与孩子的互动都取得成功。这并不是说，孩子一有困难，你就赶紧扑上前给予帮助。孩子需要时间和空间自己想办法。你需要给孩子时间，让他变得灵活机智，善于思考，寻找解决问题的新方法。你可以注意什么办法有效，哪些方面需要重新审视和给予支持，不要让孩子感到气馁。

经常告诉孩子："你肩上顶着个很管用的脑袋。你来决定，我相信你的判断。你认为可以怎么办？"

请孩子参与解决现实生活中的问题。"叫大家上桌吃晚饭这事我们处理得不是很好。我在想下一次怎么做最好。""车库哪个地方放自行车比较好？"让孩子主动承担责任，这样他会更愿意对结果负责。令人惊奇的是，当孩子们有机会提出自己的想法时，他们就会表现得非常有创意、有思考。

在成长过程中，处理与年龄相应的自然挫折和挑战时，孩子们需要学会提高能力。比如自行车翻倒了、一只脚卡在了靴子里、饮料洒了……遇到这些突发情况的时候，孩子需要学着重新定向，独立处理状况。你可以支持孩子发展以下独立解决问题的能力，它们与孩子的年龄和能力相适应。

- 照管自己的东西：放玩具、收拾带去学校的书、挂外套；
- 帮助别人：取回邮件、遛狗、浇花、摆桌子；
- 帮厨：剥香蕉、打开酸奶盒、倒果汁；
- 穿上衣服，把睡衣放进脏衣篮；
- 自己系鞋带；
- 把衣服拿到卧室去；

- 演练学校的要求；
- 拜访朋友；
- 准备运动，或上课；
- 保持条理。

孩子们经常跑去找大人求助。有时候，你为他们做决定或者立即回答他们的问题，虽然这比让他们自己思考该怎么处理花的时间更少或者更容易。但是，孩子们需要在你的支持下，把焦点转移到自己思考解决问题方法的技巧上。你需要支持他们发展技能，鼓励他们自己做出选择和决定。

激励努力

> 我丈夫和孩子们围着邻居的孩子聊天。后来他们停下来，一起跳进树叶堆里清理树叶。很快垃圾袋就塞满了，他们把袋子排成一排。打扫完毕，他们一边往家跑，一边大叫："做完了！"看到他们做事如此卖力，我为他们感到骄傲。

根据《教育周刊》(*Education Week*）的莉安娜·海汀（Liana Heitin）

的报道，以及儿童心理学家的研究表明，美国儿童在自尊方面排名最高，但学习成绩的名次却低得多。这意味着，即使他们对自己感觉很好，但可能并没有足够的技能支撑自己去实现预想的目标。“我行”的态度，与成功所需的决心和努力之间，存在着差距。

《输赢心理学：为什么想赢的人会输，为什么怕输的人会赢》（*Top Dog: The Science of Winning and Losing*）的作者之一阿什利·梅里曼（Ashley Merryman）说，当第一名没什么好的。过分的夸奖导致孩子逃避挑战。孩子们需要学会努力学习，获得成功和能力。过度表扬无助于自尊的提高，反而降低动力。卡罗尔·德韦克（Carol Dweck）指出，经常得到表扬和奖励的孩子不那么认真投入工作，追求赶快完成任务。与其简单地给予赞扬，不如谈谈什么办法有效，以及为什么。专注于过程，这样，孩子做事会更用心。

孩子们需要学会坦然地面对失败，不怕吃亏，以及学会等待。要养出身心健康的孩子，必须教他们学会如何处理困难、应对挑战以及失望。学会如何面对失去和失败，是人生的重要一课。

努力工作，保持积极的情绪，你需要向孩子示范这样的状态。如果你不抱怨，积极、投入地做事，孩子也会这样的。注意，如果孩子只是做他应该做的事情，不要轻易给予表扬。

教孩子听从可信赖的成年人的指导，以及学习他们做事的方法。他们需要遵循某些程序和规则。虽然这个世界讲究自己动手、创造性做事，然而，孩子们仍然需要了解他人分享的知识和技能。他们需要培养持之以恒的品质。

自我效能感指相信自己办得到的力量，意味着你有能力确定心仪的目标，并认为自己有能力实现。孩子们需要相信，努力是值得的。自我效能感能激发孩子不断尝试，积极帮助自己和他人。

动机是让自己不断前进，积极采取行动的力量。面对困难，动机使人坚持不懈，为实现目标而努力。有时父母会说，“我的孩子就是没有动力”。这暗示动力来自孩子，而尤迪特·森特（Judit Szente）认为，很大程度上，动机取决于孩子需要什么，以及从我们这里能得到什么。是什么让孩子们奋力拼搏，坚持不懈地完成任务？口头劝说很重要。“你能行！”这句话非常有力。在孩子对某门学科有兴趣，重视某项活动，或者正在解决一项需要个人面对的挑战时，这句话会让他们从中获得更大的动力。当他们自己有选择权，并能控制决定时，他们会有强大的动力。一旦他们感到自己有能力，他们就会急切地参与。当前的成功会建立持续的动力。以下方法可以帮助我们通过反馈，帮助孩子提高能力。

- **管理情绪：**“即使感到挫折，你仍然试图克服障碍。”——说出情绪名称，描述孩子是如何调节情绪的，以及他对情绪的反应。
- **毅力：**“你把书整理得很好，即使在书快要倒塌下来的时候，你也坚持工作。”——指出孩子完成的具体事项，说明取得成功的原因。

- **独立性：**“棒极了！你一个人辛辛苦苦地把所有字母积木搭配好了！”——强调孩子的独立工作，而不是只关注正确答案。
- **自我调节：**“你真乐于助人！你帮乔治拉好了大衣拉链，虽然你本来是想跑出去玩的！”——说出孩子的作为，说明他是如何做到延迟满足的。
- **倡议：**“为你欢呼三次！没人叫你，你就把地板上的玩具捡起来了。现在更方便我走过去了。”——说出孩子好的行动，及其给自己和他人带来的好处。
- **策略：**“打扫房间的时候，你先做了很好的计划，然后按照计划行动。一步一步，终于大功告成。”——描述行之有效的办法。
- **解决问题：**“你和麦迪逊一起玩洋娃娃，你们决定的办法真是太棒了！你是一个很棒的问题解决者。”“这个东西放在哪儿呢，你可以帮我决定吗？你是一个很会解决问题的人。”
- **解决冲突：**“谢谢你告诉我，谢谢你用语言去解决问题，而不是用拳头打人、伤人。”——说出你看到的情况，问孩子准备如何处理或者如何跟你一起解决问题。
- **创造性：**“多么独到的解决方案！你的想法很有创意！”——帮助孩子建立自信，让他们觉得自己有能力。

大多数父母希望孩子知道，他们是世界上独一无二的个体。孩子有独创性，这是非常好的事情，但你也希望他们能面对艰苦工作的挑战，有强烈的决心，以及克服困难的意志力。这些特质将会让他们为未来的生活做好准备。

鼓励自我指导

> 每天唠叨两个孩子（已经上一、二年级）把书放进书包，我都说烦了。他们的家庭作业也经常落在家里。后来我让他们两个互相提出“我带午饭了吗？”“我带上书了吗？”的询问。把责任交给他们以后，他们采用了这些步骤，终于记住了。

孩子们小时候什么事都依赖成年人。从醒来的那一刻，到晚上进被窝里，他们需要大人不断地关注。要想随着时间的推移，把责任从你这里转移到孩子身上，你需要做一个计划。孩子 8 岁以后，在自我照顾和个人责任的各个领域，他们需要具备可靠的能力。你有意识的计划有助于实现这个目标。

把帮助孩子独立自主作为目标。请他帮助你解决问题。“做这件事，用什么方法最好？”“我有些什么选项？”“怎样做才是最有效的办法？”

孩子们会有很多想法，我们可以向他们学习。

> 帮助孩子进行头脑风暴，琢磨解决困境、问题的可行方案。“好的行动计划是什么？”“如果你那样解决，会发生什么情况？”示范你的思考步骤，因为孩子可以向你学习如何集思广益。

孩子耳听眼观，并实践负责任的选择，由此学会了如何为自己做出好的决定和计划。与此同时，父母需要给予他们有意的指导。“你小时候，我替你照料一切。现在你大了，可以做决定了。你是愿意现在做家庭作业，还是在后院玩一会儿再做作业？你觉得哪一种更好？”用你的话语帮助孩子学会解决问题，找到指导自己行为的最佳途径。有些孩子会说：“我想现在就做，并把它解决掉。”如果孩子选择出去玩，记得问一句：“你想在外面待多久？”然后定好计时器，让孩子带着出门。你给计时器的同时，也就把责任转移给了孩子。

帮助孩子思考需要采取的步骤时，越具体越好。随着时间的推移，以下策略能帮助孩子变得开心、自主。

- **询问而不是说教。**这个方法可以让孩子为自己的行为负责，有助于他深思熟虑。

  不要说“用嘴说”，问：“不喜欢某件事情时，你会怎么说？”

  不要说“别碰她”，问：“有人介入你的空间时，你有什么感觉？”

不要说“给我从椅子上下来”，问：“你的身体应该在哪里呀？”

- **说出有效的办法。**事情进展顺利时，予以注意，并指出原因或策略：

  “你没有对别人动手动脚，表现得太好了！”

  “随身带一本书，这是很棒的选择。”

  “休息几分钟，让自己冷静下来——这对你有好处。”

  “你陷入困境的时候，可以绕过你哥哥，而不是把他的玩具掀翻在地。”

- **促进成功。**朝前看，确保积极的结果。

  “是的，晚餐前你可以到处活动，但你需要到外面去，或者去地下室。”

  “纸张需要扔进篮子里。你是需要我帮你整理，还是你自己来？”

有时候你不得不说：“我需要你现在就做家庭作业，因为我们晚些时候要出去。你想在咖啡桌上做，还是在餐桌上做？”如果长期观察一件事，你会明白，为什么自我控制才是最终目标。因为自我控制具有自我维持的特性，随着时间的推移，会越来越容易做到。最终，能达到你希望孩子自己记得做作业的目的。

也许时间紧张的时候，你感觉给孩子下命令，让他立马顺从是更容易的做法。虽然这种做法有短期利益，但于长期不利。如果你持续把责任交给他们，他们会加快自己解决问题的步伐。你可以帮助他们琢磨解决方案，随着时间的推移，他们会知道什么办法最有效。

激励创造性

> 我儿子去他表哥的营地玩，当他第一次听到小号演奏时，他说："妈妈，我想学。"于是，我们买了一些爵士乐碟片，还带他去公园听爵士乐。此后，他的兴趣经久不衰，到了 8 岁便开始上课。

培养孩子天赋和才艺的最好方法是注意他喜欢做什么事情。跟孩子一起投入他感兴趣的事情。

例如，为了鼓励孩子音乐方面的创造力，你可以分享你对音乐的热爱，和孩子一起跳舞、唱歌；玩音乐游戏，用不同的声音唱歌，模仿鼓掌、敲击节奏；让孩子去公园音乐会，参加儿童交响乐活动；一起欣赏音乐剧；听不同类型的音乐，提高孩子对音乐的兴趣。去图书馆时，借阅孩子感兴趣的书籍，以此点燃孩子的学习热情。如果他喜欢画画，留出时间和孩子一起画。

在冰箱或布告板上创造一个展示空间，展示孩子的作品。如果他喜欢跳舞，可以跟他一起随着不同类型的音乐跳舞。探索音乐、运动和艺术的时候，孩子经常会敞开心扉，滔滔不绝。和孩子共同的探索可以创造你们之间的亲密感，以及增强聊天内容的持久记忆。

如果你想让孩子上兴趣班，先安排一次试听。如果你有问题，趁孩子不在的时候，找时间和老师谈谈。看看老师的要求，考虑一下孩

> 提前想想孩子是否有能力应付现实局面。记住，要关注孩子的需求，而不仅仅是你自己的议程。

子是否真正做好了准备，是否真的希望参加。

8 岁之前的学习目标，需要遵循孩子的兴趣和愿望，保护他们的创造性。确保练习时间短，练习过程积极、可持续。这些给孩子带来欢乐的音乐和艺术，可以成为他们终生的爱好。

如果学龄孩子要求上一门艺术课，或者进行一项创造性活动，让他从头到尾观察——至少坚持一个学期，或者一个季度。

这让孩子知道，一旦开始一件事，重要的是要学会负责，坚持到底去完成。坚持一门技能需要努力和决心。坚持做一件事，克服困难的部分，孩子就会收获满意。

无论是上课，还是在家里享受创造力，孩子都会得到巨大的好处。西尔文·莫雷诺（Sylvain Moreno）、丽贝卡·帕拉基安（Rebecca Parlakian）和克莱尔·勒纳（Claire Lerner）断言，音乐和艺术有利于培养孩子对自我和他人的觉知力，还能培养其思维能力、毅力和自我调节能力。在整个求学期间，艺术会让孩子结识好朋友，与别人一起度过创造快乐的经历。艺术是世界通用的语言，可以为孩子打开一个充满探索和冒险的世界。

培养天赋和才艺

第一个孩子1岁的时候，我想，“孩子长得这么甜美，我也有点儿功劳”。第二胎是一对双胞胎，两个孩子个性不同，都很闹腾、爱玩。后来我们有了第四个孩子，他特别爱整洁，从小就把东西放得整整齐齐。他才1岁就自己脱鞋子，还会把袜子放进鞋子里。那时我就意识到，我可以影响孩子们的精神，但个性是他们内在的特征。

发现和培养孩子的天赋是养育的一个重要目标。培养他们热爱科学、阅读、烹饪，或者任何他们喜欢的事情，还有其他特质，比如幽默感、灵活性和毅力——这些品质和自然能力一样重要。

起初，你可能只会集中精力把宝宝洗干净、喂饱，找到合身的衣服，祈祷他一觉睡到天明。最初几个月，你慢慢了解模式，掌握所需要的新技能。然后，他天使般地躺在婴儿床上，你凝视着那张甜美的脸，心想，不知道他长大后会变成什么样子。

孩子到了2岁时，他往往展现出迷人的个性，喜欢舞蹈和搞破坏；到3岁时，他们最喜欢的活动就是模仿你所做的事情；到5岁时，他们可能痴迷于建筑或者绘画。也许他们把家里搞得一团糟，让你感到绝望，甚至会以为这辈子都没法拥有一个干净的家了，直到你意识到，这也许代表着他们有创造力。一位三个孩子的妈妈说："我给 5 岁的女儿买了一件 T 恤衫，上面写着'我不是没收拾，我有创造力'。她的确很有创造力。她可能会在杂乱无章的房间里长大，但我想培养她的创造精神。我很高兴做这样的选择。"

另一位母亲说："我女儿热衷于她的活动，一连很多天她都扑在一个项目或者方案上。有时候我会在夜里溜进房间，帮她整理东西，等她早上醒来，她还以为像《小公主》故事里发生的情节一样，是个梦呢。8 岁以后，她完全变了个人，痴迷于收拾东西。但开始的时候，我只是告诉她，她是我的创意公主。我很高兴我让她感到被爱，她在房间里做那些精彩项目，布料、服装和艺术混在一起，虽然看上去乱七八糟，但我没有因此责备她。"

《全新思维：决胜未来的 6 大能力》（*A Whole New Mind: Why Right-Brainers Will Rule the Future*）的作者丹尼尔·平克（Daniel H. Pink）说："未来属于心智非常不同的另一种人，即创造者和有同理心的人。他们是艺术家、发明家、设计师、讲故事的人、看护者、安慰者、大局思考者，他们将收获社会最丰厚的奖赏，并分享其最大的快乐。由于劳动力结构的巨大变化，孩子们需要适应能力、解决问题和与他人协作的能力，需要依赖发散性思维和创造力的战略技能与优势。"

孩子探索新的兴趣爱好时，请努力接受他前进过程中的凌乱，准备好接受在尝试中出现的错误和带来的教训，培养孩子的自由精神，他们的生命将因此而绽放。你的任务是帮助他们发现自己与生俱来的天赋，并找到帮助他们发展天赋的途径。让孩子做令人愉快和有成就感的事情时，他们会有很大的乐趣，让他们尽情地享受这种乐趣。

接受孩子的强项和弱项，接受他们的优点和缺点，这一切都没问题。不要强迫他们做没有天赋的事情，去滋养他们已有的天赋。

有时候，孩子们表现得聪明、令人赞叹，有时候，他们可能对某项活动表现得兴味索然。这都是完全正常的。在他们表现出创造力的过程中，请你关注并及时给以鼓励。

不管孩子当下有什么样的兴趣和天赋，随着时间的推移，兴趣可能会改变，其他才能也会发展起来。一个 4 岁的孩子热爱体操很正常，8 岁的时候，他可能又开始热衷于缝纫。你一定要保持自己对生活的热情，不要把全部的重心放在孩子身上。这样，你才能做自己，并从中获得最大的满足感。你只需要专注于鼓励、责任感，和孩子一起快乐。

第六章

领会抗挫力

什么是抗挫力

> 有一次，我和女儿进行“父女约会”时，我的汽车在路上抛锚了，我俩被困在路边。后来拖车把我们带到了加油站，最终这场约会变成了一场冒险。起初我担心她感觉不好，到了晚上，她却告诉我，那是她经历中最美好的一天。

迎婴派对上，经验丰富的父母会给准爸妈分享他们的经验和智慧。然而，陪伴孩子们踏上漫长的人生之旅时，这些智慧并不一定可以转化为实用的建议。你可能还是会有一段束手无策的时光。在这样烦躁困惑的时候，你可能会心跳加速，怀疑自己是不是做父母的那块料。打个比方，此时你 3 岁的女儿因为坐在对面的哥哥打了她，她尖叫着要他“住手”，你想好好处理这件事，于是你有意识地阻止此事带来的挫败感。你没有大喊大叫，而是保持冷静，给孩子递去一本书，并把音乐声调高，尽量保持积极态度。说到底，如果连你自己都无法处理日常挫折，那就更没法教会孩子妥善应付。

人生的常态便是起起落落，很多时候充满了非你所愿的情形。相信你在帮助孩子处理压力上可以发挥非凡的影响力，能学会用爱去尊重和培养他们及自己。知道如何在日常压力下调整方向，这是一项重要的生活技能。

抗挫力是指一个人在挫折中能绝地反弹，恢复内心的平静和成长壮大的能力。有了它，面对困难时，孩子可以更快地重新定位，面对失望时，会寻找替代方案。抗挫力不是放弃，而是一种内在的动力，它能使事情得以解决。有抗挫力的孩子在需要帮助时能主动寻求他人帮助，并能保持乐观、有幽默感，以灵活、有创意的方式处理挫败，利用一切可用资源去解决问题。

抗挫力对你也有好处。你一旦感到沮丧，要表现出友善和镇定。如果你希望以富有建设性、适应性的方式去生活，或正过着这样的生活，并塑造这些特质，孩子就会明白：弄清情况、继续前进，这是生活的一部分。当你意识到要传给孩子什么精神财富，这种意识会帮你重新找到信心、决心、耐心。

孩子不仅能领会你的言行，还将内化你的情感模式。如果他们看到你反应冲动、发脾气、沮丧，他们就会怀疑事情能不能好起来。如果他们看到你不能应付自如，就会担心自己如何应付得了。这种焦虑的暗流，会导致他们更多地坚持无效的选择，而不是放弃失败的方案，另寻更有效的行动计划。

你保持积极的态度，向孩子展示如何照顾他人和自己，这就是在培养他们的韧性。你向孩子展示抗挫力和触底反弹的感觉，孩子就可以自信地度过每一天。

管理风险

保护孩子免于压力，是父母的本能。你会试着保护他们不去忧虑，不让他们目睹令人不安之事，保护他们免受身体、心理创伤，这是你与生俱来的本能。但有些风险是必要的，只有这样，孩子才可以自己学会留心提防。他们需要经历身体挑战，比如翻石墙、爬树、探索大自然。他们需要学会平衡独处与社交，选择朋友，探索新的人际关系，满足对世界的好奇心。这些挑战可能带来一定的风险，但风险有助于孩子学习和成长。不要试图控制可能会发生的事，而是要帮助孩子去探险、创造，去调查、设计。

短暂的压力是通往人生新里程碑之路的天然组成部分，适当的挑战让孩子知道自己有能力应付。但压力模式的改变会产生不利影响。压力过大并持续存在的话，会有害处，甚至毒害孩子的身心健康。评估儿童承受压力的水平很重要。如果你看到孩子的睡眠或行为模式发生了改变，注意到他们有焦虑迹象，如黏着你、无意识地发泄情绪，此时，你需要想办法找到潜在的压力源，帮他们缓解或为他们提供支持。

为了了解 0 ~ 3 岁孩子的心理健康水平，有人调查了这个年龄段儿童的父母。结果发现三分之二的父母没有意识到，婴儿也会受到争吵和周围大人压力的影响。事实上，研究表明，幼儿目睹父母、看护人之间的争吵、喊叫，感受到紧张的氛围时，他们的身体会受到影响，这与直接对他们发怒的后果是一样的。父母持续的愤怒会导致孩子的皮质醇水平上升，这是一种对压力的自然反应，也叫“战斗或逃跑”荷尔蒙。哈佛大学国家发展儿童科学委员会称，皮质醇水平持续升高对儿童的大脑发育和健康产生破坏性影响。儿童需要放松和安慰才能处理压力，特别是在压力持续的情况下，他们需要依靠父母或其他成年照顾者给予的稳定和安全来缓解压力。如果你发现自己的紧张状态不是暂时的，那就寻求专业机构的支持或咨询，找到积极有效的解决问题的办法。

- 2009 年，针对 0 ~ 3 岁孩子父母的调查发现，只有 30% 的父母知道，6 个月的孩子能感受得到悲伤和恐惧。

- 20％的父母认为，孩子在 2 岁前就能控制情绪，比如，受挫时不发脾气。
- 只有 34% 的父母知道，婴幼儿能够感觉到父母是否生气、悲伤，并会受到这些情绪的影响。

事实上，父母精神抑郁是儿童身心健康的一个风险因素。如果你或你的伴侣患有抑郁症，那就跟儿科医生好好讨论这个问题，这样你和孩子都会得到所需要的支持。

在同最亲密的人的关系中，孩子尤其容易感到压力。《早期逆境对儿童发展的影响》一文中指出，幼儿时期经历的不良压力可以影响孩子后来的身心健康。因为小孩不能像成年人那样应付压力。他们的情感、理解力、管理能力都还没有得到充分发育。

然而，只要压力是短期的，且处在有大人对压力做出回应的安全环境中，儿童是可以具备抗挫力的。

我们都需要在生活中扶持、帮助孩子，要留心和关心他们。若遇到困难，必要时，要寻求专业指导。你可以在你和孩子周围建立一个滋养和关切的支持系统。

从困难中汲取力量

“啊！不！我们压到了一只猫！”我姨妈还没来得及控制住自己，话已经冲口而出。她突如其来的反应把坐在车后排的孩子们吓坏了。我4岁的女儿放声大哭。我们尽力安慰她，但在以后的几个月里，有关猫的噩梦一直萦绕在她脑海里。

不管你怎么精心计划，世事难免会出乎意料。即使是最慈爱的父母，也会经历自己的压力或震惊无意间给身边的孩子留下挥之不去的阴影。你一贯的支持可以帮助孩子走出创伤；但若孩子心理敏感，记忆可能会持久不衰。

一位妈妈说：“我们去拜访孩子外婆的朋友，我女儿从篮子里抱起了一只小狗。当时小狗从她手里挣脱出来，滚下了楼梯。小狗并无大碍，但我女儿仍然记得那位女士的不安反应。好多年过去了，她仍然害怕抚摸狗。”

孩子心烦意乱，陷于情感危机时，你要确保他们的情绪安全。如果父母或看护人过于夸张、做作，让自己的焦虑、担心弥漫在周围的环境中，孩子可能会内化这些情绪，而不会表达自己的感受。他们把自己的混乱情绪告诉你时，你可以平静地说，感到心烦意乱并不是天塌下来的大事，激烈的情绪终将会过去；告诉他们如果需要你时，你会帮助他们。

- **可以放下一切。**告诉孩子，若他需要同你说话，你会把所有事情放到一边，专心倾听。孩子在经历压力时，你能随时准备好一个拥抱，随时安排倾听时间。
- **成为孩子安全的港湾。**孩子可能害怕分享感受。这时你需要宽慰他们："你害怕的时候，可以告诉我。""我不会因为你生气而心烦的。""你不会有事的。你可以把所见所闻告诉我，我不会生气的。""这不是什么愚蠢的问题。"等事态趋向平静、安全时，就是给他们这些提醒的好时机。
- **教他们寻求帮助的言辞。**孩子需要知道如何寻求帮助："我需要谈谈。""发生了一件事……"告诉他们，为自己或他人寻求帮助需要勇气。
- **赋予孩子内在力量。**肯定孩子的优点能教会他们去相信自己的感受和感知。"你真聪明，能想到这一点。""你说得对，解释得很好。""你注意到他的这种感觉，说明你是有同理心的人。""你很了解人们的感受。"

当孩子的生活发生了重大变化，你可能会想，是否可以给予他某种支持，帮他面对这一挑战。有些突发事件持续的时间不长，然后生活就会恢复如常。而另一些事件则会产生持久的影响，孩子能否恢复如常，最重要的是看他与你以及其他看护人是不是有紧密、安全的关系。

孩子常常会对他人产生一种特殊的同理心，因为他们会记得事情发生在自己身上时的那种感受。一位母亲分享道：“我儿子2岁时曾因脚踝骨折住院，他还遭受过其他健康问题的影响。现在他6岁了，表现出非凡的善良和同理心。”

> “你很体贴，很善良。”“你很善于把事情搞清楚！”这些评论将孩子的注意力聚焦在这些特质上，它们可以为孩子带来幸福和健康。

孩子必须用安全感来平衡令其不安的记忆。这种安全感来自积极的家庭和学校经历。

令人欣慰的是，最大的挑战往往会给孩子的人生带来帮助——能使孩子变得更加关心他人，更能投入到他人的生活中。挑战和困难是生活经历的组成部分，它激发了我们生活的热情和灵感。

看到事物的本来面目

> 我的孩子告诉他们的阿姨关于我们去公园游玩的事情。我记得去公园很有趣，但他们记得的却是我生气了。更搞笑的是，不知怎么回事，我完全不记得整个过程了。

为人父母的一项重要责任，是确认什么事情是真实的。在《真相会让你自由》（*The Truth Will Set You Free*）一书中，作者爱丽丝·米勒（Alice Miller）称，这是“开明的见证者”角色。我们不要最小化或忽略孩子的感受，而要作为一位开明的见证者，确认孩子感受的真实性。比如，6 岁的孩子说：“我记得你对商店里的女士很生气。”妈妈不要说：“杰克，我没有生气。没那么糟。”可以说：“对的，那是非常令人难过的一天。我发了脾气，后来我感到很抱歉。”再如，如果爸爸搬出去住，这是分居的一部分，孩子说:“我为爸爸感到难过。”你不要说:“没关系。你这个周末要去公园见他。”你可以说:“艾玛，我了解你的感受，妈妈也很难过。但我们还是会安排一个特别的时间，让你和爸爸聚在一起，你每天都可以和他聊天。”

一个人能够准确地观察和体验世界，这是建立抗挫力的基石。孩子们需要成年人倾听和肯定他们真实的感知和感受。“我做了什么让爸爸生气？”“是我让他感到沮丧吗？”父母可以帮助孩子用语言表达感受和情感。“是的，爸爸非常生气。他去散散步，让自己平静下来。你没做错什么，他回家后会再和我们谈谈的。我很抱歉，这确实让人心烦意乱。”要对正在发生的事情承担责任，诚实地承认正在发生的事情，这确实不容易。

如果你假装什么都没发生，孩子就会内化一个强烈的信息，那就是，最好不要谈论内心的挣扎。相反，其实你恰恰希望他们能说出来。孩子需要有爱心的成年人，这会让他们感到安全。“你害怕，或者感到担心时，可以告诉我，我保证会回答你的问题。”在整个童年时期，这个简单的邀请可以打开真诚的沟通之门。真正的倾听和对事实的肯定能够培养你和孩子之间的信任。

孩子会说，“我不喜欢你这样做”或者“你没有听我的”。你与其为自己辩护，不如说：“我很高兴你告诉我。我能理解你为什么这么想。”即便是很小的孩子也知道什么时候我们心不在焉。他们焦躁不安时，你可以说：“我明白你为什么哭。如果我的尿布脏了，我也会哭的。我们去换尿布吧。”“对不起，我太忙了，我知道你失望了。我把手机收起来，这样我们就可以共度时光。”保持和孩子的情感交流，并成为真相的见证者，这真的很重要。你正在建立一种诚实的模式，这将对孩子的少年时期及以后的人生产生深远的影响。

你对孩子敏感，相应地，他们就会对自己和其他人敏感。当弟弟哭的时候，你对身边的大孩子说：“凯勒哭了，我很难过。我要去安慰他。”这样做很重要。如果你忽视孩子的哭泣，另一个孩子可能不会明白小宝宝哭并不是因为疼痛，也不是因为他做错了什么事。与其忽视情感暗示，不如敞开谈论。“凯勒累了，几分钟后他就会

> 允许孩子想其所想，感其所感。不要试图说服他们逃避，也不要为他们的需要感到内疚。“你可以感到悲伤。我们坐下来谈谈。”“我知道你很失望。想要什么东西时，等待确实很难。”

睡着的。等我把他哄睡着了，再给你读书。”识别、理解、回应自己和他人情绪的能力，是构成抗挫力的关键因素。

接纳孩子的感受，这有助于他们释放情绪，向前迈进。孩子想知道并且需要知道，你是理解他们的感受的。说出他们的情感并加一句："这没关系"。这令他们放松，并消减他们的抵触情绪。与其一次又一次地试图说服自己去满足他们的愿望和需要，不如让孩子感到被倾听，那样他就能转移注意力，关注其他选择和解决方案。

干预取笑和霸凌行为

> 我儿子只有3岁，在托儿所里有个孩子对他很刻薄。我告诉儿子，只有爱他的人说的话才重要。

孩子还在很小的时候，就会面临着社会冲突。蹒跚学步的孩子还不懂得分享，这并不是因为他们自私，实际上他们很喜欢帮别人做事。只是由于他们仍处于一个喜欢平行游戏的阶段，也就是说在这个阶段，他们的需求是和别人各玩各的，而不是和别人一起分享和合作。而且此时孩子只专注于自己的活动，他们的世界仍然以自我为中心，也就是说，他们只顾及自己的感觉、感情、兴趣。

他们才刚刚开始学着去了解周围的一切，去看到和理解他人的观点或需求。这是一个需要得到父母的支持和尊重的发展阶段。幼儿需要你的监护，以确保他们安全，确保他们不要通过打人、咬人来消除沮丧情绪。过了这个时期，他们很快就能用语言来表达自己的需求，并索要他们想要的东西。

孩子在 3 ~ 5 岁期间，需要成年人的支持才能解决分歧。到了六七岁，他们就开始表现出嫉妒，并会做出一些不友善的评论。“她的头发很丑。”“她不是你的朋友。她只是假装喜欢你而已。”你需要认真对待这些问题，并对此进行积极教育，强调善良。你还要做好干预的准备。如果孩子说：“我的感情受到了伤害！”你可以说：“那也会伤害我的感情。我也不想有人对我说这些话。”重申和确认这些感受，这是帮助孩子解开心结的重要步骤。

有时，争吵和取笑会变成长久的霸凌问题。在霸凌中，孩子通过施加权势、恐惧、社会压力，让另一个孩子感觉糟糕，从而给他造成身心痛苦。有时，霸凌者自己也受过欺负。他们觉得自己一无是处、缺乏权力，然后把这种情绪发泄在别人身上。然而，我们需要重视和接受这样的事实：许多孩子是因为渴望被同龄人接受，迫于压力而去取笑和欺负别人。人们通常认为霸凌别人的孩子是社交能力强、长相好、聪明的人，或者他们常常是受人喜爱和尊敬的孩子。而实际上到底是什么情况，并没有放之四海而皆准的标准。

许多父母以为自己的孩子只是受害者，从来不是施害者。这种疏

> 通过角色扮演给孩子赋能。帮助他们练习大声表达，并在需要时给予帮助。指出那些同情和关心他人的人，作为他们正面的榜样。

忽会阻碍父母以孩子最需要的方式帮到他们。每个孩子都可能在某一时刻成为攻击者。当你发现你家孩子向另一个孩子发泄愤怒，指责、欺负别人时，不要以为这种行为会自动消失，或者认为他长大就不这样了，而应该立刻干预和引导，跟孩子谈谈那些会激起愤怒或侵略情绪的经历。

也许孩子正在与嫉妒情绪抗争，此时他需要你的安慰，也有可能孩子正感觉受伤、愤怒、孤独，并将这些感情向外发泄。你一定要说："我不会让别人伤害你，我也不能让你伤害别人。你可以生气，但永远不可以伤害别人。"你应该读些分析孩子情绪状况的书，并把此事作为头等大事。同时，要鼓励孩子在受挫或生气时告诉你，而不是对别的孩子施以报复、攻击。值得高兴的是，只要你这样去做，孩子都能从中学到处理愤怒和化解冲突的新方法，并会从同理心和善良的练习中受益。

在孩子小的时候，就要告诉他们，无论是在被取笑、被欺负时，还是想取笑、欺负别人时，都要寻求帮助。每个孩子都会碰到不知道怎么应对和处理的处境，你可以教他们以下步骤。

- **寻求帮助。**有人对你使坏、伤害你，请离开现场并寻求帮助。如果你有对人使坏、伤害人的念头，同样赶紧离开。
- **大声说出来。**遭到取笑或欺负时，大声说："我不喜欢这样！"或要求对方"请住嘴（住手）"。如果对方继续取笑、霸凌，要立即寻求帮助。
- **帮助朋友。**有朋友受伤，叫他跟你一起走，一起找人帮忙。

取笑和霸凌往往涉及权力的失衡。例如，三个孩子联合欺负一个孩子，或者一个更大、更壮、主导性人格的孩子恐吓弱小或者害羞的孩子。因此，成年人需要积极干预这种情况。以下是需要采取的步骤。

- **确认感受。**大人应该确认孩子的感受。"谢谢你告诉我。很抱歉你的感情受到了伤害。""很抱歉发生了这件事。"
- **解决问题。**帮助一个或一群孩子解决问题。"你认为你可以采取什么措施解决这个问题呢？"然而要小心，孩子可能会因为寻求帮助而遭受报复。最好你来监控局势，以便亲眼见证。"我会留意这件事的，如果再次发生这样的事，我会介入"。
- **小心监管。**看到孩子受到身体伤害，或者受到威胁时，你需要准备好立即干预。"对不起，我不能让你受到伤害。我的职责是保护你们所有人的安全。”孩子伤害别人时，要让他知道，成年人也会介入以确保孩子的安全。

- **建立信任。**帮助孩子寻找并赞美对方的优点，这可以帮助孩子与他人建立信任，即使是与同龄人之间，哪怕这个人除此之外都是缺点，一定也要关注自家孩子的积极品质。

与孩子们单独或集体谈谈他们的经历。让他们可以跟你自由沟通。然而，如果延续的是之前的模式，那么让其他人参与进来会很重要。以下是让其他父母参与的步骤。

- 向其他父母保证，你希望情况对所有孩子都最好，并告诉他们，任何人的孩子都可能取笑、欺负他人，因此需要所有人付出努力。
- 在事情失控前，家长们应同意介入并支持孩子。
- 在孩子心中植入善良的想法。提醒所有的孩子，言语可能会伤害他人，而善良会帮助他人——而且你相信他们会关心别人。
- 经常和其他父母交谈，并共同努力以确保安全。孩子需要知道，你给他们传达的信息是，友善的话是真的，而那些不友善的话不是真的。他们需要知道你一直在监管和关心他们，会保护他们的安全。家长们要时刻保持警惕，随时准备干预。

如何应对失败

> 因为哥哥参加了足球比赛，所以双胞胎弟弟也一起参加了选拔。双胞胎哥哥成功入选了，但弟弟落选了，他哭得很伤心。他的哥哥试图安慰他，想让他好受点。最后，我们讨论了每个人都有不同的长处，他可以再试一次，或者尝试别的项目。

你需要告诉孩子，生活并不总是公平的，艰苦的挑战总会出现。帮助他们找到解决问题的策略，并教他们不要放弃。不幸的事每天都有可能发生，失望也总会来临。

一位妈妈说：“我女儿 8 岁，参加了小学话剧表演的试镜。她真的很想扮演多萝西。但最后她一个角色都没得到，她为此感到很沮丧。经过一夜的心烦意乱后，她决定帮忙做舞台设计。最后她得到了油画材料，和她的朋友一起画画。”

没有入选运动团队的孩子也许会尝试新东西，或者落选会让他下定决心，继续提高技能，再试一次。有时，孩子需要做出选择，你需要给予温柔的引导，让他去发现新的兴趣。重要的是，你可以教会孩子认识到挑战是成长的机会。你可以帮他们评估他们自己的选择，权衡再次尝试的好处或者去尝试新的体验。从失败中获得的智慧给他们上了重要的人生一课，这为他们提供洞察力和经验，使他们能够适应未来。

在变化中游刃有余

> 糟糕的天气、工作的调动，类似的变故我们都经历过。我在尽自己最大的努力去适应，但我担心该怎么去帮助我的孩子处理这种压力。

许多人有过这样的经历：一些事先没有预料到的压力会影响到家人。做个行动计划可以帮助孩子适应搬家、做好失去宠物后的自我调整、应对爸爸妈妈其中一方很长时间不在身边，或者面对父母失业的情况。有很多方法可以帮助孩子调整和成长。

一位关爱孩子的妈妈说："我们搬家的时候凯尔真的很生气。我们搬到新家那年，他才 4 岁。当时他走来走去，口中念念有词，'我讨厌它，讨厌！我去哪儿骑自行车？这是一个愚蠢的房子。'他气恼了很长一段时间，我们说什么也不能安慰他。他怀念我们老房子的地下室，在那儿他可以骑好几个小时的自行车。"

搬家时，孩子们要提前向故居、家人和挚爱的朋友道别，这是很常见的事。以下是一些帮助孩子平稳度过这一特殊分离期的方法。

- 为家人和朋友准备一个特别的笔记本，可以在里面写一封简短的信或贴上即将搬家孩子的照片、亲友的照片、电话号码及邮件地址等。

- 给孩子提前准备一张新家的照片。
- 搬家后，尽可能保持以前的作息规律和日常生活。
- 搬家时，一定要带上一条孩子最喜欢的毯子和几件珍藏物品。
- 到了新家，先把孩子的房间布置好，这样他们会感到安全、有保障，之后再处理剩余物品。
- 带孩子参观新家附近的图书馆、公园及其他公共设施，让孩子感到在新的地方也很舒适。
- 如果你是在孩子学期中间时段搬家，在让孩子去新学校上学之前，先安排他们去学校看看。

对低龄的孩子来说，与父母分离尤其困难。一位年轻的爸爸说："我妻子被派往海外，2 岁的孩子晚上睡不着。我知道幼儿有点闹，这很正常，但我担心，与妈妈的分离会对她产生长期的不良影响。"

若孩子的父母有一方调动了工作，或者接受分配去另一个地方，可以通过写信、打电话、网上交谈，或准备一本展示爸爸或妈妈工作的图画书，来很好地帮助孩子保持情感联结。缺席的父母还可以朗读一本书，把录音或视频发给孩子，这会让孩子感觉更亲近。还可以和孩子一起为远方的爸爸或妈妈祈祷，送他们一首特别的诗、韵文，这样的日常活动会令人宽慰。和孩子谈论父母回来时，一家人可以一起做的事情，这会让小孩子也期待重聚。

日常可以谈论在异地的父母，这能帮助孩子表现和表达感情。“妈妈会喜欢这种汤的。等她回来，我们给她做。”“来拍张照片给妈妈吧。”“爸爸会被这笑话逗乐的。今晚用微信发给他吧。”“爸爸会为你骄傲的。我快等不及要你告诉他啦。”父母缺席期间的联系，和面对面与孩子在一起一样有意义。

孩子对家庭成员的情绪很敏感。家庭遭遇变故会影响孩子，如父母失业。你可以把暂时的困境变成孩子的学习机会、快乐记忆。一位慈父说：“我想让我的孩子知道，目前的境遇不能代表我的未来，现在的状况也并不能说明我是谁。失去工作对我也是一个艰难的挑战，我也感觉受到了创伤。但我试着让 4 岁和 7 岁的孩子远离压力，并集中精力教他们新的技能。失去工作有一个好处，我有更多的时间和孩子们在一起。他们放学后，我会带他们去公园、去图书馆。我还为孩子买了一本烹饪书。一开始我们只做些简单的点心，比如煎蛋或烤薄饼，但是他们真的很开心。而且我发现，教他们新的生活技巧是大家最开心的事情，比如，我教他们如何使用削皮器、鸡蛋切碎器、擀面杖。待我恢复工作后，我们将依然试着保持对健康食品和一起做美食的兴趣。”

根据美国国家贫困儿童中心的数据得知，有五分之一的家庭艰难地维持生计。你要对这些情况有觉察，并伸出援助之手去鼓励和支援身边那些需要帮助的人。如果你被炒了鱿鱼，丢了工作，或即将经历长期的经济困难，这都是对孩子心理保持敏感的关键时刻。此刻你需要稳定情绪并保持常规的生活，这确实是一项令人难以置信的挑战，你还需要在问题和孩子之间设置一个健康的心理界限。

如果你选择告诉孩子有关情况，请用简单、适合孩子年龄的语言。“爸爸正在找一份新工作。”“我们要和奶奶住几个星期。”尽可能用愉快、积极的活动和聊天，把每一天过得特别精彩。然后去寻求社区资源，利用图书馆、当地公园及其他组织，为孩子提供正常的活动。

你可能忍不住说，“不要用太多的肥皂……”或者“我们没有足够的……”，但尽可能帮助孩子专注于你们所拥有的东西。“你可以快快洗个澡，然后我们多读几个故事。”重要的是让孩子专注于日常活动，减少忧虑。

每当你面临艰难的挑战和突发事件时，请确保对孩子的经历表示诚实、尊重、深切的关心，这将深刻地影响他对这些挑战和意外的反应。至于孩子需要你做什么，请相信你的直觉。

坚韧是随着时间的推移而建立起来的。你始终如一地投入到孩子的幸福中，孩子的抗挫力就会茁壮生长。孩子的安全感根植于他与你的紧密关系中。

欢迎家庭的新成员

> 当我儿子出生时，我的女儿已经5岁了。由于年龄差距很大，而且她已经习惯作为全家人关注的中心，所以她对弟弟很嫉妒。于是我安排了一些特殊的父女时间，并带她一起出去吃早餐。我们告诉她，如果没有她的帮助，我们养不了小弟弟，她的反应真的很好。

弟弟或者妹妹加入家庭时，孩子们需要你的安慰。你可以帮助大孩子提前了解小宝宝出生时会发生什么情况。给孩子阅读与年龄相宜的书籍，或你可以自制图画书去帮助孩子了解情况会怎么样。他们可能会想象当婴儿打嗝、哭泣、需要抱起时会占用妈妈的时间，他们可能也会为此感到震惊。

如果以家庭为中心的生育中心、月子中心允许哥哥姐姐去探视，那么宝宝回家的过渡就会很顺利。在婴儿回家前与他见面，可以帮助大孩子了解宝宝有多小。此外，妈妈走进家门时，应该有人过来帮忙抱宝宝，这样她可以张开双臂来给大孩子一个大大的拥抱。

许多父母希望哥哥姐姐表现得像个大孩子的样子，如果看到大孩子想要吸吮小宝宝的安抚奶嘴，或者把自己裹在婴儿毛毯里，这会让妈妈感到担忧。请允许你的孩子表现得像个婴儿，这会让他更快地感到无趣。因为有很多令人兴奋的事情需要他们去探索时，像小宝宝一样静静地躺着就不那么有趣。同时，要给大孩子多点拥抱时间和陪伴时间。比如，你给小宝宝喂奶时，如果你让大孩子依偎在身边，他就会很快成长，并感到安慰，因为他觉得自己成为你与新生儿关系的一部分。这种安慰和包容将增进兄弟姐妹之间的关爱。

简化事情："记住规则。""手要轻柔。""走路要轻手轻脚。"言简意赅能帮助孩子专心完成他们需要做的事情，这会让大家都更平静。

大孩子和小宝宝在一起时，请继续关注孩子的行为。可以夸赞他"抚摸宝宝时，你很温柔"，而不要说"别戳他"。还可以告诉孩子，"和你还有小宝宝依偎在一起，我感到真是太甜蜜了"。一定要提醒你的大孩子，他能做很多小宝宝做不到的事，比如他可以和奶奶一起去公园，他能用他的新工具建造房子，以及自己玩拼图。如果看到年龄稍大的孩子给小弟弟或小妹妹帮忙，你能表现出爱和谢意，他们会很珍惜。

如果你是多胞胎的妈妈，一定要加入一个支持小组，尽你所能去了解，你会发现其实家中有两个以上的新生儿时，大孩子会经历独特的挑战。你乐滋滋地适应小宝宝，所有的孩子都会一切顺利。你还可以了解别的家长行之有效的方法，这会让你感到放松。

不要试图独自处理一切。一位妈妈曾说："我的双胞胎出生后，在非周末的晚上，我会让12岁的大孩子陪2岁的小孩子玩，他表现得很有责任心。然后我给两个双胞胎宝宝洗澡，把他们放上床睡觉。"

当你发现你有一个额外的小帮手，他帮你叠衣服及做一些他力所能及的家务活，那感受可不一样了——你会更理智，而不会手忙脚乱。

如果家里还有一个照看孩子的人，你一定要向他详细描述其职责。也许你最开始的想法是关注小宝宝的需求，但一定也要关注大孩子的需求。如果大孩子白天外出，你可以为他准备一个装有零食的包，计划一项特别的活动，或者写一张表达爱意的纸条。还有很多事情可以给彼此都带来快乐。

让孩子分享你的时间，让他们知道你爱他们。只要你敞开心扉，孩子们就会知道，你有足够的爱给到所有的孩子。针对不同年龄段的孩子，你可以尝试以下值得采纳的方法。

- **婴幼儿**

 陪他一起看介绍婴儿能力的图画书。

 计划特别的亲子时间，让家里每个孩子都感到爱和安全。

 给幼儿一个婴儿玩偶，鼓励他扮演照看宝宝的角色。

 鼓励孩子跟你依偎、拥抱，和你一起嬉戏。

- **学龄前儿童**

 安排一些重大的变更事项，比如，让孩子进行便溺训练、搬到大婴儿床上；在宝宝出生前安排好照顾大孩子的新方式，或者等到一切稳定下来再规划。

让大孩子帮你购买、摆放婴儿用品。

妈妈去医院时，让大孩子自己准备他的特别包包，包括表达爱的小纸条、照片、小礼物、书籍和特别的睡衣。

计划额外时间，让孩子与家人、祖父母、朋友一起玩。

花点额外的时间陪孩子阅读、玩游戏，或享受特别时光。每天安排 15 分钟确保关注每个孩子。

- **小学生**

不要一开始就把妈妈怀孕的消息告诉孩子，9 个月是一段漫长的等待时间。到妈妈的肚子明显，胎儿踢腿时，是告诉他们的好时机。

用与孩子年龄适宜的语言给他们讲新生儿的事。让孩子们了解妈妈身体的变化，并有符合现实的期望。

让孩子去医院探望你。

让孩子参与日常的婴儿护理，比如帮宝宝穿尿布、涂乳液。

让孩子在学校和家里的日常生活与之前尽量保持一致。

想想你离开人世之后很久，孩子们还会在一起。珍惜和享受你跟他们在一起的宝贵时光，要知道他们很快就会长大，你的欣赏会使他们成长为特别的人。记得多多为他们拍照。

应对疾病

我丈夫被诊断出患有肾病，需要透析。对我们的3个孩子来说，这是一段非常艰难的时期，因为他们的爸爸在医院里住了一个多月。后来他终于回家了，却还需要很长的时间才能康复。孩子们不得不互相照顾。我们曾多次讨论如何分担职责，让家庭充满更多的爱与互助。

和孩子谈论如何应对疾病很重要。在你生病时，可能身体已经得到了照顾和安慰，或者疾病还是让你不舒服。一位家长说："我的妈妈曾经告诉过我，'你生病的时候，我在工作，没有办法照顾你'。我知道她并不是不想照顾我，但近39摄氏度的高烧使我的精神比身体更难过。"家庭成员生病时，你最真实的不适感会显现出来。要现实、诚实地考虑，哪些事情你能处理，哪些方面你需要得到支持。有些慈善和爱心机构能帮助你应对照顾长期患病的孩子或家人的这项艰苦挑战，帮助你克服情绪上的压力和情绪的波动。这种情况下，是该接受别人的爱和支持了，在你专注于家庭的需要时，他们可以满足你的实际需求。

长期患病或住院的孩子往往渴望与他人和谐相处，并希望充分利用每一天。他们对父母的情绪很敏感，十分依赖父母的乐观和鼓励。

孩子需要父母对他们真诚，并使用他们能理解的语言、观点和他们沟通。如果孩子患有慢性疾病，最重要的是你需要专注于你能做的部分，让每一天都变得特别。

> 一天结束时，提醒孩子，他们很特别，你爱他们。要帮助他们看到过去、未来日子里的好事。

在“舒适盒”里放进能振奋病人精神的物品，这个办法很管用。对一个生病的孩子来说，可以将一本书、一个毛绒玩具、一些新的彩色铅笔、一个可以与他人一起玩的游戏卡片，塞进盒子里……这些真的很有效果。“我为你加油。”这是必要的信息。每天给孩子打气这很重要。同时，许多病儿的兄弟姐妹感到自己被排斥在外，而且常常为自己的感觉感到内疚，因为全家人的注意力和平衡点发生了变化，他们想知道并且需要知道你很珍惜和他们在一起的时间。

爸爸或者妈妈一方生病时，另一位家长或照看者有时需要把医疗问题放在一边，而把注意力放在孩子及其需求上。每个人都需要保持日常生活的节奏和互相支持，并尽可能维持平常的生活，留出时间用心交流。

有很多书可以帮助孩子学会表达自己的感受和经历。国家、地方组织都可以为特定疾病提供信息，给这些家庭和孩子以支持。

在家里，你要确保你和每个孩子都有单独相处的时间，要把注意力集中在已经发生的好事上。让每个孩子知道，他是多么被珍爱，给他鼓励，让他能坚持下去，并对明天充满希望、热情、渴望。表达你对每一天的爱和感激，告诉孩子，他们给你带来了多大的快乐。

经历悲痛和失去

> 我们家的猫死了，我们告诉3个年幼的孩子："思慕克（猫的名字）病得太重了，好不起来了"。他们看着爸爸埋葬了它，并用石头给它立了一个墓碑。孩子们为它举行了葬礼。他们现在仍然喜欢去看那个墓碑，并常常谈论那只猫。

宠物为目睹死亡的幼儿提供了意义重大的爱的纽带。失去心爱的宠物，就像失去了一位家人。如果孩子目睹了死亡的过程，比如看到宠物被车碾压，他们那在那一刻会非常难过，甚至悲痛欲绝。你需要对他们的问题保持敏感，从他们的行为中找到线索。如果孩子一开始看起来还好，几周后又悲伤起来，不要惊讶。这时让孩子充分地感受悲伤，有助于他们进入下一步：尊重和纪念他们的宠物。

对于失去亲人的孩子来说，失去心爱的宠物可以唤起原来的悲伤。一位孩子的爸爸说："我10岁时，我的宠物狗死了，当时我彻底崩溃，哭了好几个星期。直到成年，我才意识到狗的离去给我一个成长的机会，让我哀悼早年过世的母亲。我现在能敏锐地感觉到，我的孩子对我们的狗和猫有多么依恋，跟我那时的感觉一模一样。”

许多孩子想为宠物举行葬礼。这是他们分享对逝去的宠物怀念之情的恰当方式。年幼的孩子还可以通过画画来纪念宠物，如果有一本宠物的相册也会很好。如果养的兔子死了，毛绒兔子玩具会有安慰的作用，孩子们晚上抱抱它，可以获得安慰。

试着让孩子专注于快乐的活动和事件。比如，外出过一夜，参加一次手工艺活动，或者和最好的朋友出去旅行一天。让孩子们知道事情会好转，你正在帮助他们，让他们充满信心地继续向前进，让生活步入正轨。

> 我妈病了，我们不得不温柔体贴，于是孩子们也学会了关心和温柔。我们会说："奶奶的手不起作用了。"我们一步步来，以免操之过急。一个过去很活跃的人现在坐在轮椅上，没有反应，对贝利来说，这很可怕。我们告诉卢卡斯，奶奶戴了一个呼吸面罩，就像宇航员一样，呼吸面罩可以帮她呼吸。

> 我们原本以为葬礼会让他们受不了，大人们都在哭。但葬礼结束后，孩子们想去把花放在她的坟墓周围。他们用自己的方式，私下去做这件事。后来，我们谈起奶奶，说她仍然是他们生活的一部分，会

一直爱他们。我们提醒他们回忆和奶奶一起去过的那些地方，和奶奶一起度过的美好时光，让他们永远记得奶奶。

当父母，还有跟家人有密切关系的人去世时，最重要的是，你要相信自己对每个孩子的了解，让他们顺其自然地度过。即使死亡来得突然，你也可以让孩子花时间慢慢去理解。以一种与他们的理解力相匹配的方式，一次回答一点问题。当孩子知道一切安全，就能恢复正常。孩子提出问题时，诚实的回答很重要，但你只需要讲孩子想知道的事情。孩子可能想知道由谁来照顾他们，帮他们做上学准备、上床睡觉。他们可能担心你会有什么事，请只回答孩子能理解的事，并尽可能保持日常生活的规律，一步步过好当下的每一天。

孩子通常会从大人那里得到线索和暗示，你需要了解他们的情绪，让孩子知道，他们的感受需要表达。还可以告诉孩子："你感到悲伤、你哭泣，这都很正常。"当然，孩子可能会看到你哭泣，但是尽量把你的眼泪、恐惧和挣扎与朋友或者其他成年人分享，这样做是为了保护孩子的安全空间。

帮孩子拼贴图片、展示他们所爱的人的相册，这些办法有助于他们说出自己的感受。讲述关于死亡的儿童书籍可以帮助你们开启对话。告诉他们可以随时找你谈论感受，你永远会在他们身边支持他们。

接下来的几周甚至几个月，孩子在睡前需要额外的支持，需要更多的陪伴时间。他们可以装饰个盒子，放上已逝的亲人或其他所爱之人的东西，如照片、礼物、纪念品。还可以写一首关于已逝亲人的诗，把它和照片一起放在孩子的枕头下，帮他们进入甜蜜的梦乡，带给孩子安慰；帮年幼的孩子设计一个特别的枕头，标记或用织物印染上他们想念的人的照片；请自家的朋友写本回忆录，讲述有关逝者的特别故事和记忆，孩子可以保存这份珍贵的礼物。

接纳和理解孩子想要的“舒适”。一位妈妈用孩子爸爸过去常穿的T恤衫做了一条被子给她儿子；一个小女孩在她妈妈去世后，经常穿着她妈妈的睡衣睡觉，那让她感到安慰。即使你觉得愚蠢，也要支持孩子的选择和需求。

一定要经常谈论已逝亲人喜欢的东西，比如，他喜欢的食物、你们一起去过的地方、一起参加过的活动。所有这些都有助于孩子永远感受到这个特别的人给他的爱。

离婚后重振生活

> 因为爸爸离开了，孩子担心我也会不要他们。我尽力让他们安心。

离婚会让你情绪不稳定。眼前的问题使你的思维变得复杂，日常决策都必须适合新的安全框架。在寻找新生活方式的同时，如何平衡情绪是一个挑战。

在变化中找到情感力量的中心的关键是，你需要有意识地做出实现效益最大化的合理决定。坚持“你肯定知道怎么办”，相信自己。你不需要立刻就搞清楚所有的状况。但是，有一些可靠的方法可以使事情变得更容易。

- **做最好的自己。**如果你需要动力，记住你所传达的信息基于你每天的生活方式。从发誓照顾好自己的身体、精神、感情开始。看到你好起来，孩子们会恢复得更快。这是他们最想要的——知道你很强大，并支持他们。你今天的状态将给孩子们启示，所以你要认真对待自己、对待健康。
- **找心理咨询师，处理伤痛。**现在是设定健康边界的时候了，孩子不需要知道你面临的所有问题。他们处在自己的世界中，你要在你经历的事情和他们的生活之间，保持一个强有力的缓冲。你可以找个值得信赖的倾听者和给予建议的人，在你做决定的时候，他可以协助你说出问题，解决问题。
- **照常进行日常活动。**摆好桌子，放上一些鲜花。在特殊的节日放庆祝的气球。做时间计划表，尊重家庭传统节日和举行庆祝活动。

- **筹划孩子喜欢的活动。**专注于乐趣和学习，而不是购物和娱乐。可以偶尔和孩子一起看一场电影，参加体育活动、节日派对，增加生活乐趣；以公园、湖边、动物园、图书馆甚至杂货店为常去的目标地点，和孩子一起度过时光、庆祝日常生活。
- **保持坦诚的交谈，为每个孩子腾出时间。**可以向孩子提些开放式的问题，并认真倾听；保持沟通，表达你的关心和对他们的宽慰；经常提醒他们“这不是你的错”“我爱你们，永远爱你们”“我会陪在你们身边”。
- **明确对前任的期望，并对你的角色负责。**把孩子交给对方时，锁定主题，并对孩子说一些积极的话：“玛丽今天数学做得很好，她可以跟你讲讲。”“祝你们玩得愉快。明天 3 点见。”
- **关注内心，保持积极态度。**把“我不知道该如何处理”，改为“今天很艰难，但我要一步一步地做”，或者“这个决定很难，我要休息一下，先转移注意力，做别的事情”。

  你不必否认困难，但确保把当前的问题放在决心和希望的范围内。你的目标是为了自己、为了孩子，必须变得更强大，要做出当下正确的决定，创造美好生活。

> 给孩子编故事来说明孩子的感受。问孩子，故事中的那个孩子或角色应该做什么，怎么做。孩子会有机会从故事里获得新的视角、新的见解。

- **面对艰难的日子，要将注意力转**

向积极健康的方式。不要孤立自己，或依赖对压力的不健康反应。比如，吃不健康的食物、屈服于愤怒、陷入消极的思维，或乱花钱、酗酒、不遵医嘱胡乱吃药。你可以寻求朋友们的支持，安排外出放松一下，保持你的注意力。你也可以开始一个新的锻炼计划，读一本新书，开始一个新项目。你还可以听快乐的音乐，保持常规的日程安排。

- **注意你的言语。**如果你不能说一些积极的话，那就什么也不要说。记住生活总是朝着我们所思所想的方向发展的。你内化和传递的信息都会逐一变成现实。你是孩子的情绪温度计，所以要有目的地进行积极交谈，问一些具体的问题。比如："跟我说说你的艺术课吧。你星期二做的雕塑，涂了什么颜色？""课间休息时，你玩了什么游戏？"你也可以和孩子分享你自己一天的快乐时光："今天让我感到最美好的时光是看到送货的工人为邻居卸下木料。你今天最美好的部分是什么？"不要错过平凡生活中的非凡时刻。
- **当你需要帮助时，要及时求助。**明确你需要什么。不要等到心烦意乱的时候再求助。试着预测什么时候需要帮助——让人帮你跑跑腿或陪你。
- **耐心点，不要着急。**不要指望一次把一切问题都解决掉。如果亲戚或朋友想要和你交谈，而你还没有准备好，只需说："谢谢你的关心。我觉得我暂时还不能谈这事。"

- **信任你的人际关系。**真正爱你的人会忠于你。对你自己和别人要有耐心。

出于本能，你也许会贬低另一方（孩子的爸爸或妈妈），或者试图让孩子站在你这一边，但这肯定会适得其反。孩子需要你成为一个稳定的港湾，如果你因为他们不能承担的事与他们发生矛盾，他们只会感到不满、不安。无论发生什么，只有一个方向可以引导你走向坚实的未来，那就是你要使家庭进入新的生活领域，为你和孩子选择一条通往身心健康、安全有保障的道路。

离婚改变了家庭之前的生活模式。找出最适合孩子的方法，期待未来美好的事，这将让你重新清晰自己应该关注的焦点，明白你在给孩子做榜样——一个身心健康的人，在艰难的变化时期应该如何应对。无论如何，生活还会继续，虽然情况会有所变化，变得和以前不一样了，但相信它会变得更好。

对人生旅程的反思

> 瑟斯博士说："不要哭，一切都结束了。微笑吧，事情已经发生了。"以前听这番话时，我没有任何意识，有了孩子以后，我对自己的童年有了更多的思考。

在学习抚养孩子的过程中，你会发现自己在生活和经历中有很多需要疗愈的地方。这意味你将着重新识别和回应你曾经的失望，还有那些你曾经没有释怀的悲伤或回忆。有了孩子以后，你有机会再次成为“孩子”，重新开启你自己人生故事的旅程。你可以透过孩子的眼睛重新认识世界，你会想起你小时候的感受，回忆起是什么滋养了你，让你变得完整。

激励孩子，充分发挥他们的潜能。生性自由的父母必须先开启自己的发现之旅，最大限度地发挥你在生活中的抗挫力。只有你了解自己，你才能了解孩子。通过探索自己的人生道路，你会懂得如何更明智地做父母。

无论你面对的压力是微乎其微，还是犹如泰山压顶，你都可以培养孩子的内在力量，可以为他们增添保护要素，去帮助他们拥有健康的未来。我们的目标是形成有力量和灵活性的方法，帮助他们应对生活的挫折。

在你面对不确定因素的时候，你的安全感会削弱。这种情况会持续多久？有希望得到积极的结果吗？出于本能，你会等待结果，然后重新定位，制订积极的行动计划。你所做的自我照顾、符合心理健康的选择，对你的恢复都至关重要。你选择向前迈出自信的步伐，这样的决定会影响孩子适应生活的方式。

许多人都听过这样的教诲：如果只做正确的事情，生活就会一帆风顺。但事实上，即使有最好的意愿，艰难的挑战还是会不期而至。但此时若有其他人的鼓励，即便路途漆黑，你也会得到支持，并重新规划你的愿景。你需要把这种积极的世界观教给孩子。当他们在学校表现不好时，他们需要加入新的群组；和朋友意见有分歧时，要和平共处；事情出问题时，要振作起来。

你的行为举止将教给孩子很多东西。最终你对孩子影响最大的，不是你的言语，而是你的活法。遇到失败和失望时，把它们作为学习和成长的机会，同时，培养对自己和他人的同理心，这些都能帮助孩子坚韧不拔地生活，让他们把成长看作一辈子的过程。孩子需要你的爱、培养、坚持以及支持，以此形成抗挫力。当你专注于强项，积累财富，以爱和尊重对待每一个孩子，一切将发生改变。即便在困难时期，孩子爱和被爱的能力也永远存在。只要你的养育过程充满关切的引导，就可以帮助他们健康成长，让他们成为应该成为的样子。

第七章

扭转各种僵局

触发情绪时，找到解决方案

> 我儿子以前经常是累了就发脾气。我教他拿着最喜爱的毛绒玩具到我身边。在他抓狂之前，我会说："你想要和泰迪熊一起待一会儿吗？"于是，他就会去找泰迪熊玩具。

父母都会有这样的时刻：孩子的行为有挑衅性，我们却束手无策。

哪些触发情绪的行为困扰着你？对很多人来说，可能是抱怨、撒野、顶嘴、翻白眼、做鬼脸、叫不动，或者是兄弟姐妹间的较劲。在大多数情况下，这种行为包括"就是不做我想让他们做的事"。例如，孩子有时会翻白眼。一位妈妈说："我只是告诉我女儿，'我明白你还有话要说。你的表情告诉我，你有事要说。'这个办法对于我来说总是有效，因为她通常有更多的话要说。”另一位妈妈笑着说：“我只是告诉我女儿，‘宝贝，你只要把黑眼珠转回白眼珠就好’！这通常能缓和局势，我们以拥抱告终。”假如父母完全忽视这种行为也很可能不会有事，但这些妈妈都选择不忽视女儿翻白眼的问题。这时处理的诀窍是，让你有意识地感知到那个触发情绪的体验，你就可以自觉地采取恰当的行动，而不是不自觉地做出剧烈的情绪反应，这样你就可以摆脱沮丧。了解你的情绪触发点，更有助于你有效地做出积极的响应。

一位爸爸问：“我跟孩子说话时，孩子在摆弄鞋带，为什么我会莫名地生气呢？”另一爸爸回答：“你小时候摆弄鞋带时，一定有人对你发火了。”那位爸爸答道：“想起来了，我小时候家里有个保姆，她生我的气时就把我的鞋带系在一起。也许我还在为此烦恼！”他笑了，令人惊喜的是，从此鞋带的问题再没那么困扰他了。

如果孩子大喊大叫时，你也有想要大声喊叫的冲动，或者孩子生气，你也想生气，这时你可以深呼吸，刻意低声说话，也可以用同理心帮孩子渡过难关，以此来控制你生气的冲动。通常，只要你确认孩子的感受，拥抱他或递给他纸巾盒，就可以缓解这种情况。孩子知道你会保持冷静时，他自己的愤怒或不安也就会慢慢减弱。

有些父母在描述孩子的一些行为后，可能会说“我很沮丧”或者“这让我很生气”。当然，有时候你可以说出自己的感受，但你又不希望

> 专注于目标，不要认为孩子的行为是冲你来的，而是要寻找积极的方法去扭转局面。

孩子因为别人感到愤怒或沮丧而真的停止做一件事。你不希望他们因为顾虑父母的感受而选择顺从。相反，事实上你更希望他们能学会关心他人，会自我引导。

把你觉得重要的事情告诉孩子:“我做晚饭时,真的需要你的帮助。在晚饭准备好之前,你们能做些什么自娱自乐呢？”孩子可能会说“我想帮你”或说“我要去玩”。简单而不带情绪地描述情况，这样孩子就可以专注于你给他们的积极的选择。

你希望孩子注意到身边发生的一切，并做出周全的回应。“如果你和卡拉找点别的事做，这将会对你们有帮助。你有作业没？还是你想再玩一会儿呢？”给个选择的机会，这可以帮助孩子重新集中注意力。你还可以问：“我们怎么做才更有效呢？”你也许会对他们的回答感到惊讶，因为大多数孩子都希望自己能帮助解决问题。

以下这些问题，可以帮助你在孩子遇到挫折或情绪失控时，确定策略。

- 孩子第一次做出不当行为后，你是听之任之还是对此类行为的反应前后不一致?
- 你是否错过了教授孩子所需技能的时机?

- 你是否无意中试图立即阻止这种不当行为，而不是用别的正当行为取而代之？
- 你是否过度关注某种不良行为，从而间接地鼓励了它？
- 你是否提前告诉孩子该做好哪些准备？
- 你是否给予足够的支持，让孩子成功地把一件事坚持到底？
- 你是不是无意中挑起了权力斗争？
- 孩子是病了、累了，还是饿了？
- 你是否处于紧张、生病、疲惫或者饥饿的状态？
- 你向孩子了解情况或征求意见了吗？
- 孩子的语气告诉你什么信息？他的肢体语言向你暗示了什么？他到了忍耐的极限了吗？

关注孩子发出的信号可以帮助你扭转整个局面。提早介入可以让你开心地度过一整天。在大一点的孩子感到心烦意乱或苦恼之前，你需要帮助他们尽早关注自己的需求，以及给予回应，尽可能让情形易于你和孩子处理。

专注于让每个人向前看的最佳方式可以防止你在情绪触发时反应过度。你可以问自己：“我怎样才能让这种情况好转呢？”“我现在说什么或者做什么可以让我们专注于目标？”用正确的视角看待事情，记住最重要的事情是你和孩子间良好的关系。

充满信心地应对亲子危机

> 我女儿发脾气，把早饭吐了一地。当时我想大发雷霆，但我保持了冷静。我把她放在安全的地方，给她垫了条毛巾，平静地清理秽物后，我对她说："等你哭完了，可以来玩拼图。如果你需要抱抱，我可以抱抱你。"这是我做过的最难的事，但大约 4 分钟后，她停止了哭泣，并走过来爬到我腿上。

事实上，孩子尖叫、发脾气时，更需要保持情绪平静的是父母或其他看护人。没有哪个孩子会一直哭下去，所以保持冷静、平静，泰然处之是第一要务。有研究表明，发怒是一个过程，是正常和预期事件中的一个环节。过早干预只会使情况更糟。父母最有效的反应就是什么都不做，等待沮丧情绪平息。但大多数人很难做到这样。面对婴儿的哭泣，你可以用抚慰的方式回应；面对幼儿和学龄前儿童闹脾气，你一定要把他们放在一个安全的地方，等待他们情绪平息。

如果父母试图采取干预措施，如恳求停止、威胁、许诺，等等，都会使情况变得更糟。如果你屈服了，给孩子买了东西，或者从包里拿东西引诱他，或屈从他的要求，你的这些反应会增加孩子再次发脾气的可能性。在公共场所，孩子们会哭闹、抱怨或发脾气，可能是因为他们感到疲倦或有压力。如果他们的这种行为曾经得到了强化和奖励，那你就建立了权力斗争的模式，这需要努力才能打破。因为你在无形中教孩子错误地认为：好的行为是可以讨价还价的。

> 留点儿心，把注意力集中在正在发生的事情上，别等到孩子饿了、累了、痛苦了或者失控了才过问。

注意孩子的沮丧情绪并尽早干预，这样做总会有好处。你常常可以提前介入，对孩子说：“哦，我看得出来那很难。你需要帮助吗？”这在很大程度上能帮助孩子用语言表达沮丧，而不是使他们用不良行为表现出来。留心哪些事会引发孩子不快的情绪，下次当孩子处于同样情况时，你就会知道如何早点干预。

孩子没有能力改变行为模式是因为他无法分析这些步骤。他仍然在努力获得情感上的理解，以及安抚自己情绪的能力。所以，改变孩子的行为是大人的角色和责任。孩子们需要大人帮助他们说出沮丧情绪，而不是对他们吼叫、发火。

安抚情绪失控的孩子

我儿子很亢奋，他的精力经常充沛到让我崩溃。
有时我想大喊大叫，但我的不安只会让事情变得更糟。
于是我牵着他的手，把他带到外面。我想让他知道，

他情绪失控或者不能控制自己的行为时，我会干预。

孩子情绪失控或即将走向失控时，需要让他知道你会立即进行干预，制止他的危险或破坏性的行为。实际上，孩子们真的不想情绪失控，但他们确实感到心烦意乱、焦虑、愤怒、激动、苦恼。此时他们希望大人知道，并且会在旁边设定必要的情绪和行为界限。

你可以在家里设置一个固定的冷静空间，或者一个安静的角落。你外出时，这个地方能起到休息区的作用。孩子还可以在这里做好准备，以有效的方式表现自己。在这里，他可以找到自我控制感；他可以决定需要反思多久才能重新集中注意力，或者冷静下来；他可以决定何时重新参加一个活动，或者再试一次。还有些孩子喜欢镇静瓶，类似那种装满彩色水和矿物油，闪闪发光的塑料瓶。他们通过前后倾斜镇静瓶，让里面的东西滚来滚去，以此来恢复平静。还有另一些孩子喜欢蜷缩在一边，抱着压力球或毛绒玩具来平复情绪。休息是一种有效的调整情绪的方式，它能让孩子平静下来，深呼吸，做好准备重新参加活动。

鼓励孩子花点儿时间冷静下来，或者和你一起冷静几分钟。这样能使他们更清楚地思考，避免做出负面的反应。

孩子的行为升级时，你可以请他停止行动，休息几分钟，并坚定地说：“等你恢复平静以后再回来。”“等你脑子里有了下一步的计划，我可以帮你重新开始。”这会让孩子明白，你不会放任他的不端行为继续下去。

年幼的孩子可能想要并需要你的帮助。“你想单独待一会儿，还是和我一起待几分钟？”孩子往往希望得到你的安慰，并做出良好的反应。你一定要说：“下一次你难过之前，或者需要人帮忙找事情做的时候，先找我给你一个拥抱。”

当然，最好在孩子崩溃或生气之前，就先对此有所预判，并予以关切。积极主动是最好的行动计划。“莱拉，请休息一下，这样你就可以冷静下来，做更好的选择。”“做几次深呼吸，注意身体的感受，你就会恢复正常。”孩子想要并且需要有效的策略。

最后，孩子学会了在陷入挫折或混战之前要休息一下；孩子感到失控时，他们会学会识别情绪；孩子知道学会休息对大家都好，这样不仅是给自己一个休息的机会，能缓解压力，也会让大人感觉好些。

把休息作为平复心情、思考计划的一部分，而不是对孩子进行羞辱或惩罚。如果你以尊重孩子的方式使用这个方法，孩子们会反应良好，他们能意识到你想给他们一个恢复的机会，以便做出更好的选择。这种做法与传统的计时隔离截然不同，后者会造成权力斗争。计时隔离是成人采取的独裁方式，意思是“主动做这事，要不我会让你必须做”。让孩子在角落里或椅子上反思几分钟，这只会让孩子的行为停止片刻，并产生一些消极的影响。育儿专家彼得·赫曼（Peter Herman）和儿童发展专家柯尔斯滕·豪根（Kirsten Haugen）指出，计时隔离可能会增加怨恨，并导致儿童隐藏行为，而不是自愿参与合作。孩子为了逃避惩罚而被迫服从，但不当行为通常仍会继续发生。我们要以这种方式取而代之：把孩子的注意力集中在合作、乐于助人和自律上，这样你不希望出现的行为就不会继续出现，因为孩子有自我调节能力。

一旦孩子习惯了休息片刻，他就会独自使用这个技巧。好多孩子会在愤怒的情绪涌上心头，做出不当行动之前，先离开兄弟姐妹，回到自己的房间。看到孩子做出这样的选择时，你要予以关注并给出好评，这是孩子成熟的迹象。

善于利用环境

> 二宝的降临真的教会了我要成为更有耐心和善解人意的人。我意识到，宝宝出生时，每个人都在调整适应。我才是那个必须注意分寸的人，我需要准备好在 3 岁的女儿失望或难过之时，给予她帮助。

孩子脾气暴躁或情绪不佳时，物理空间的改变会产生奇迹。比如，给孩子一个纸箱去爬，再加上手电筒、书，这样可以给他提供所需的冷静时间和空间。还可以用毯子盖住两把椅子，建成一座堡垒，给孩子提供安静玩耍的私密空间。

有位妈妈有一个小宝和一个2岁的大宝，她说：“小宝午睡时，我让2岁的大宝在空浴缸里玩洗澡玩具，他喜欢在那儿和他的动物玩具‘说话’，喜欢把玩具车放在浴缸的一边，排成一排。他穿戴齐整地在浴缸里玩得很开心。这时，我也有一小会儿时间去上洗手间，查看电子邮件。”

> 如果孩子行为不当，又拒绝接受引导，那就改变一下物理空间，如搬到另一房间，或换个场所，如到户外去。

如果孩子哭闹，带他出去散步或在室内散步都可以改变情绪。比如你们在浴室里待几分钟或在镜子前一起做个鬼脸，这些办法都可以帮大家感觉好一点。或者你把一筐玩具带到另一个房间，以此转移孩子的注意力。换个地方可以恢复孩子的注意力，缓解单调乏味，也能帮助你保持清晰的视角。

除此之外，你可以把孩子带到户外的安全地带，跳跳、跑跑、荡会儿秋千，充分利用环境的变化。若是你和孩子需要休息，在室内你也可以充分地利用室内环境；若在户外，你就必须时刻陪着孩子，关注孩子的安全。以下是可以尝试的策略。

- **腾出空间。**可以把家具往后推，在房间中央腾出一个让孩子自由活动、跳舞的空间。还可以搬动餐桌，搞个室内溜冰场，然后让孩子穿着袜子“溜冰”玩，让孩子在安全的范围内活动，并小心看管好他们。

- **使用胶带。**用宽胶带在地板上围出一个区域，供孩子打滚、跳舞、做体操。还可以用胶带辟出一条“跑道”，孩子们可以在上面来回跑，触摸对面的墙壁。
- **创造大运动游戏。**用胶带或者粉笔在室内辟出一块区域，让孩子玩跳房子、丢沙包等游戏。
- **改变活动方式。**试试室内跳绳，把绳子的一端固定在桌腿上，让绳子在地上来回摆动，而不是从头上甩过去。
- **有创意的玩法。**在地板上放根绳子或胶带，让孩子玩“走钢丝”游戏。可以前后走动，也可以以不同姿势保持平衡。
- **活动游戏。**设置室内障碍游戏，让孩子爬着穿过箱子，翻过枕头，或者在床单上翻滚。
- **室内做运动。**鼓励孩子们进行室内运动，如玩篮球、保龄球游戏。例如，可以这样玩篮球游戏：把系成球状的袜子比赛扔进洗衣篮。不同颜色的袜子，得分不同。还可以这样玩保龄球游戏：把装了水的瓶子盖好，当作保龄球瓶；把系成球状的袜子或网球作为保龄球。
- **打水仗。**在大人的看护下，让孩子们使用洗碗盆、杯子、塑料管和其他容器等进行玩水游戏。可以把盆子放在桌上或地板上，垫上旧的浴帘或者让孩子穿上泳衣，在浴缸里“游泳”。

- **扮演厨师。**在盒子上盖一块布，让孩子在布上画上各种食物，制作菜单。年龄稍大的孩子可以决定每件食品的价格，然后给他们真钱或钱币道具去“交易”，这会是一项有趣的学习活动。
- **扮演兽医。**用家里的物品帮孩子建一个兽医诊室。可以用一些破布或卫生纸作为绷带，用白衬衫当作医生的白大褂，让孩子们玩装扮游戏，假装帮生病或受伤的毛绒动物看病。
- **扮演烘焙师。**使用简单的厨房用品，如篮子、厨具、平底锅等，鼓励孩子制作美味的仿真烘焙食品，装扮角色拿着叫卖。
- **用家居用品搞探索。**幼儿喜欢把绒球塞进空塑料瓶，或者把洗刷棒塞进空调味瓶。还有装厨房用纸的纸巾盒子、空酸奶瓶子、纸杯，都可以拿来玩堆叠、平衡游戏，或者玩“马戏团”的把戏。这些创意都可以不用花钱。
- **去超市购物。**去商店前，让孩子用剪贴板、纸和铅笔制作购物清单。可以让孩子把所需物品的图片从报纸或杂志上剪下来，用胶水粘在购物清单上。购物时，孩子可以在清单上把选购到的物品打钩。参与这样的活动，他们会觉得非常有意义，能使头脑摆脱无聊或沮丧的状态。

改变孩子的行为并没有魔法。孩子的大多数不良行为，是无聊、过度兴奋或需要改变节奏所致。不要专注你不喜欢的行为，你可以把孩子转移到房子的另一个区域，让他们把精力和想象力用来做积极的事情。让孩子的双手和大脑忙碌起来，是释放精力最好的方法。

重新设定活动以及充分利用精力

> 孩子有源源不断的精力，而且我们家还有只精力旺盛的小狗。现在，我让孩子早上和小狗一起出去疯跑，或者我来遛狗，他们骑自行车。和小狗玩可以帮助孩子们更友好地相处，并消耗多余的精力。

孩子精力旺盛，这很正常。父母面临的挑战是需要重新引导和利用孩子的精力。主要的挑战是你需要思考如何创造新的机会。

根据医学研究所及罗素·佩特（Russell Pate）等人的研究，孩子每天需要活动 2 ~ 3 小时，才能获得足够的感官刺激、触觉刺激和平衡体验。这要求孩子每小时至少进行 15 分钟的积极玩耍。积极玩耍的附加作用是保持健康的体重，使孩子学习时注意力集中。

户外锻炼可以帮孩子降低压力和焦虑，减少攻击性。可以和孩子一起散步、跳舞、骑自行车，保持活跃；给孩子足够的户外自由玩耍时间，让他们跳跃、跑步、攀爬。每天的日程安排要包括有氧运动，这能让孩子感到更平静。

孩子能安静地坐多久？对此你要有合乎实际的期望。一位妈妈说，她和儿子一走出办公楼，她儿子就疯狂地向空中挥动双臂，转圈，然后开心地跳了起来。附近人群中一位年轻女子微笑着说："我敢打赌你儿子坐着等你很久了，你真的应该好好感谢他！"孩子被关了那么久，他几乎无法克制自己。让孩子在你开会时等你，或者在一家专为大人准备的餐厅待很长时间，这对谁都没有好处。要公平地对待孩子、你自己和其他人。

不要让危险行为继续下去，也别指望它会消失。你能做的就是立即干预，并把孩子转移到另一个安全的地方。孩子需要知道，你不会听之任之。

孩子生气、情绪失控时，需要得到大人的帮助。在你嗓门越来越大之前，在孩子的抗议开始变得气急败坏时，或者孩子正在做的事情有让自己受伤的危险，要立刻采取干预措施。在事情失控前，你需要立即介入，这是最佳的方案。你可以不用生气，因为此时孩子仍然处在一种正常反应的心态。如果事情升级变糟，你需要采取积极的措施，帮助孩子调整精力和注意力。

平息兄弟姐妹间的争斗

> 有时候，他们像天使一样友好相处，有时候，他们又那么尖酸刻薄。我只希望女儿们友好相处，享受在一起的时光。

无论好坏，兄弟姐妹对彼此的生活都有巨大的影响。好处是，兄弟姐妹可以减轻压力，帮助彼此学会谈判和妥协，能提高语言能力与社交技能。坏处是，他们之间紧张的关系会成为一种消极影响，不易化解。

养育的方方面面，道理大同小异，你要意识到自己的重要性，相信自己有扭转局面的能力。如果你自己和兄弟姐妹关系紧张，你可能无意中认为兄弟姐妹间的攻击再正常不过。在这种情况下，要意识到，你的经历会影响你的观点和判断，你要专注于培养孩子之间的合作意识，避免孩子之间的冲突。孩子与兄弟姐妹发生争斗时，不要为任何一个人的使坏行为找借口，说“嘿，她不是故意的”或者“对不起，她累了”。这种为冒失的行为找借口的做法会导致将来不断发生类似的行为，甚至招致报复。并且你给不良行为找借口的习惯，孩子很快就会学到。请学会说:“很抱歉，她没能控制住行动，没能控制住言语。我知道这伤害了你的感情。我很抱歉发生了这样的事。”然后你可以与两个孩子一起重新审视这件事，谈论事情发生的起因、经过，集思广益，寻找解决方案。

最好不要强迫孩子道歉，因为他可能会继续这种不友善的行为，并且他会误认为任何事都可以得到原谅。很多孩子可能嘴里说着抱歉，心里却没有真正地感到歉意，所以如果你迫使他道歉，他可能会说一些心口不一的话。你先学会道歉，这样随着时间的推移，孩子也会学到你帮他道歉时的表达方式，并开始自己去道歉。

可以带孩子们一起阅读讨论兄弟姐妹如何相处的儿童书籍，帮助孩子欣赏和懂得家人间特别的爱。以下是一些建议，可以增强兄弟姐妹的同理心和相互合作，特别是在孩子大些以后。

- **预留私人空间。**床属于睡那张床的人。如果一个孩子想爬到另一个孩子的床上，或进入别人的房间，他应该事先请求床主的许可。你需要确保每个孩子都有放置个人物品的专属空间。相互尊重界限可以减少嫉妒。
- **把孩子各自的玩具、书分开放置。**有些物品可以通过协商共享。除此之外，其他物品该属于谁就属于谁。比如书和物品，它们是哪个孩子的，就放在那个孩子的床边。
- **尊重小寿星。**生日礼物是送给过生日的孩子的。你需要提前和其他孩子谈谈，告诉他们在生日庆祝活动中，可以期待什么或做什么，比如收集蝴蝶结，或者做小帮手。

- **教孩子积极聆听他人的技巧。**“麦卡，现在我们都看着伊莎贝尔，听她说话，好不好？接下来，我再听你说。”“我们要听别人说些什么，然后做出回应。”教孩子良好的会话技巧，比如轮流说话，听别人说话时含笑点头，或问问题去了解更多情况：“你还做了什么？”“你接下来去哪儿了？”
- **注意交谈的隐私。**让每个孩子都谈谈自己的事。父母不要向一个孩子打听另一个孩子做了什么或者说了什么，也不要在一个孩子面前议论另一个孩子。你对孩子说的话要保密。比如，孩子的成绩单和学校信息不要外泄。
- **鼓励有乐趣的活动。**为孩子们组织他们感兴趣的活动，让他们一起做好玩、有趣的事情。如烹饪、游戏、小型清洁活动，或者其他小范围的活动，这些活动都有助于培养团队合作精神。
- **支持孩子独立自主。**生活能力强的孩子会自我感觉良好。教孩子学会自己打鸡蛋、倒牛奶、更换卷筒纸。
- **鼓励合作而非竞争。**注意你的言语，不要让孩子有攀比心，要鼓励他们为同一目标进行合作。比如，可以说，“等你俩都穿上衣服，我们就去公园”，而不要说，“看看谁穿衣服的速度快”。
- **知道何时过问。**每个孩子都需要知道，大人会过问并保护他们的安全。一个孩子欺负另一个孩子时，家长及时阻止至关重要：“我知道你生气了，但我不能让你伤害弟弟。”“你可以生气，但不能伤害别人。”“我们冷静一下，休息一会儿再来玩儿。”当孩子挑事或让另一个孩子难过时，父母及时干预也是很重要的，你可以说：“我的职责是确保你俩都安全。我不会让你们任何一方伤到对方，不管是语言攻击还是肢体冲突。”你应当教孩子在受伤时迅速离开，并寻求大人的帮助，不要让取笑或霸凌行为持续。

放下电子产品，花时间把每个孩子作为你的中心。让每个孩子受到你的关注，并给他与你单独相处的时间，让他在爱和关切中感到安全。因为如果孩子觉得跟你在一起的时间足够，就不大会去争夺你的注意力。你对待孩子的方式会影响他们对待彼此的方式。你在教他们如何成为一生的好朋友。

怎么应对孩子咬人和打人的行为

> 我家老小出生后不久，我重新回到了工作岗位。下午回家时，这个 19 个月大的孩子打我。他生我的气，这让我感到很难过。当然，我知道他是对常规生活的变化感到焦虑。我拉住他的小手，对他说：“我知道你很难过。但我不能让你打我。你需要抱抱吗？”他“哇”地一下哭起来。我知道他只是没法说清楚他的感受。

幼儿并不总能用语言精准地来表达需要。语言表达的鸿沟常常让他们感到沮丧。幼儿还处于语言发展期，所以会出现这样的情况：他们得不到需要或想要的东西时，就会生气或动嘴咬人；当遇到困难或者感到无聊沮丧时，他们也会咬人、打人。

咬人和打人最常见于幼儿口欲过渡期，或者幼儿处于压力之下，或者缺乏有规律的日常活动。在集体环境中，如果短时间内没有大人给予互动，幼儿就会感到沮丧。他们打人可能是出于自卫，也可能是模仿他人。明白了这一点，你就可以事先进行干预，在第一时间制定策略，防止幼儿打人的行为发生。以下策略有助于减少幼儿的挫败感。

- **始终保持觉察。**预见孩子的需求，做好干预的准备。鼓励孩子玩玩具、做游戏。你可以先示范玩法，然后在孩子身边观察和陪伴，促进孩子玩起来。
- **尽量减少孩子的挫败感。**有多个孩子在一起玩时，确保有足够的空间，有足够的材料、物品和玩具。可以把玩具摆放在筐子里，方便孩子自己取用。
- **满足孩子的感官需求。**为了防止发生与感官需求相关的咬伤，你需要为幼儿提供各种质地的食物，并提供适当的可啃咬物品。比如，给宝宝随身携带安抚奶嘴、磨牙用的硅胶棒，或者其他可以满足口欲的东西。

- **陈述你的见闻。**看到婴幼儿环顾四周，或者伸手要东西时，同他谈论他想要的东西。“嘿，你想要你的卡车是吗？你看到沙发旁边的卡车没？”
- **给孩子可选择的其他选项。**给孩子示范正确行为的步骤，而不是咬人、打人。还可以教他们一些简单的话语或手势，以便需要帮助时，孩子可以用来表达。孩子想咬人时，给他磨牙用的硅胶棒，或者其他合适的东西转移他的注意力。
- **确保孩子有足够的空间和时间锻炼。**大运动训练，如踢球、跑步、攀爬、滚动，这些活动对于满足孩子的感官和运动需求非常重要，它们使得活跃的儿童不大可能因为无聊或禁闭而感到沮丧。

孩子咬人的行为可能会让父母产生情绪困扰。因为此时幼儿还不会说，“我今天很想你，因为你离开我，我生你的气”，也不会说“我很沮丧，我不会玩这个拼图游戏”。所以他只能用行动来表达感受。这时候，你一定要放下一切，加入他的世界，预测他的需求，并在他咬人之前进行干预。给他一些可咬的东西，同时对他说：“没事了，妈妈来了。我们一起读书吧。”

你对宝宝咬人、打人的行为有怎样的反应非常重要。此时你不要有过于激烈的反应，尽量保持平静，并悄声告诉孩子，“你咬起人来很疼的。我们不咬人，我们用嘴巴亲吻”，再做个亲脸的样子；或者说，“如果你想咬，你可以咬磨牙棒”“打人会把人打疼的。我们的手要温柔一点，轻轻抚摸或者这样轻拍一下”，然后亲自示范动作，教孩子如何轻轻拍打，并保持冷静。还可以教幼儿其他的交流方式，如简单的话语、手势语、示意动作。

如果孩子和他人一起玩耍，误以为咬人是与别人合作，是满足自身需求的机会，那么你需要保持对他的关注和尊重，充分意识到你要教孩子如何交流以及如何关心别人。

解决自我照顾的问题

> 我觉得女儿是否按时睡觉并不重要，可是她起得早，这样会弄醒弟弟。宝宝出生之前，我们一直希望他俩住一起。现在我们该怎么办？

随着孩子进入学龄前阶段，确定什么方式对你和你的家庭最有利，这一点很重要。你的选择必须与孩子独特的气质相匹配，还必须符合你的教育理念和生活方式。特别是在睡觉时间、起床时间、如厕训练、进餐时间等问题上，坚持并保持一致，这很重要。

有些父母不介意孩子早上挤到他们的床上，但有些父母则希望孩子躺在自己床上。每个家庭都有自己独特的想法。以下是一些家长分享的对他们家庭很有效的方法。

- 早上我们经常会让 4 岁的孩子爬到我们床上，她静静地依偎在我们的身边，有时她会接着睡。我们很喜欢和她一起享受这样的时光。
- 我们有个兔子钟，它显示一只兔子醒着，另一只在睡觉。我们告诉孩子：“必须等两只兔子都醒了，你才可以起来。”我们提前设定好时钟定时器，可以控制那两只兔子。
- 我们有一个会改变颜色的钟，这样乔治就知道什么时候起床。这个钟还可以播放录音故事，这样他就可以静静地躺着听故事。这个故事闹钟拯救了我们。
- 我们送给露丝一个特别的早睡小熊，在太阳升起来之前，她依偎着它睡觉。
- 我 4 岁的孩子早上经常 6 点 30 分前就醒了。我们专门做了一个袋子，里面装上麦片棒、葡萄干、书、蜡笔、玩具，放在他床边。我们让他醒了可以吃袋子里的零食，或者在他自己的房间玩，直到 7 点钟才能叫醒我们。我们还准备了一张激励贴纸，如果他有 5 天没叫醒我们，就会得到奖励。这一招很有效。
- 我的儿子早上 5 点起床，我们每次都把他送回床上，然后给他几本书，并坚定地告诉他：“我们要到该起床的时候才起床。”我们行动一致，3 天后就见效了。

孩子需要帮助时，你需要陪着他们，跟他们交谈，予以鼓励，为他们的每一点进步欢呼。

- 我们尝试睡前陪她玩 30 ~ 40 分钟，然后把她哄上床，这很有用。如果她醒得很早，我们会把她送回床上。虽然我们喜欢和她在一起，但我们要让她明白，睡觉时间就是睡觉时间。

教幼儿如厕也是一项真正的挑战。一位妈妈快要添新宝宝了，她急切地想教大的孩子自己上厕所。她问："我整个周末都要待在家里，让我女儿不停地喝水，想让她学会自己上厕所。我们该怎么办？"以下建议来自一些已经成功教会 2 ~ 3 岁的孩子自己上厕所的父母。

- 给孩子读和训练如厕相关的书。让孩子和同性父母一道上厕所。
- 以夸张的语气告诉孩子他长大了，你非常喜欢看到他表现得像个大孩子。
- 让如厕训练变得好玩、有趣。积极对待这件事，永不惩罚。哪怕在训练中出现意外，你可以默默地以尊重他的方式清理干净。
- 耐心等待孩子准备好，愿意配合时才进行。你可以用贴纸和各种奖励来吸引孩子，或在卫生间挂气球、播放如厕歌曲。当你把它变成了一场有趣的游戏，孩子就会很喜欢。
- 我们家楼上楼下都放了带便盆的椅子。孩子不喜欢使用卫生间的大马桶，这种儿童便盆椅能够让他愿意如厕，直到 3 岁半他才开始使用卫生间的马桶。

- 我女儿喜欢自己上厕所，所以这一关毫不费力就过去了。我的儿子 6 岁之前，夜间一直穿尿不湿。我们从来没有对此小题大做，因为他晚上睡得很沉，我不想影响他的睡眠。我的想法是只要他白天不尿在身上就没事，晚上穿尿不湿也没关系。儿科医生也说这样做没问题。
- 让长辈教孩子如厕。在祖母家，孩子喜欢上了自己学着上厕所，他们玩得不亦乐乎。他回家还展示给我看，他为自己感到骄傲。我们也把这当成一件大事，为他感到开心。
- 只要孩子充分地准备好了，你教他尝试如厕时，他会感到有趣、平静、快乐，这时候就是从穿尿布过渡到上厕所的好时机。如果白天很长一段时间尿布都是干的，记得要及时带他上厕所——要让他知道这对你和他都是一件趣事。

孩子上完卫生间，可能需要你帮忙擦屁股，也可能他没尿到马桶里，弄湿了马桶座。如果发生这种情况，要多多鼓励孩子："很好，你试着自己尿尿啦。你还记得把衬衫拉起来了！"慢慢地，他就会掌握这项自理能力。下次他再尝试时，你可以说："太好了！你自己上厕所了！你取得了很大的进步啊。"你可以帮助孩子一小步一小步地朝着目标，信心满满地迈进，并庆祝他的每一次努力。最重要的是，当孩子看到你以耐心、善良和灵活的态度做出回应，他就可以放松下来，为自己的进步感到自豪。

让孩子尝试新的食物，保持饮食均衡，这是育儿过程中的另一个挑战。一位有两个孩子的妈妈说："杰克只吃几样他喜欢的东西，而且大部分都含有花生酱。最终我们'用完'了花生酱，开始刻意减少主餐之间的零食。我们只给他吃家里有的东西。后来，等他真的饿了，就开始吃以前他不吃的东西。"

我们的目标是帮孩子建立食物和身体之间的健康联系，帮助孩子怀着爱和尊重享受食物。与身体的需要保持一致是一项重要的能力。你需要教孩子"吃你的肚子要你吃的东西""听你肚肚的话"。针对孩子吃饭时出现的问题，以下方法行之有效。

- **只在就餐时间提供食物。**孩子无聊时，不要用零食打发他，可以提供书籍、游戏，或别的活动。
- **享受你的食物。**如果你想让孩子吃某样东西，那就跟他们一起津津有味地享受食物。因为对于孩子进食的偏好，你的示范是最强大的指示。
- **只放一点点新增的食物在孩子的盘子里。**你可能很想说，"就尝一小点"。然而这会引发权力斗争。你最好什么也不用说，放一点在他盘子里就好了。

- **朝着正确的方向小步前进。**如果你已经让孩子养成早餐固定吃某种食物的习惯，可以逐步每次添加一种新的食物，例如，在孩子午餐里加几片苹果，而不是薯片。
- **尊重个体的食物口感偏好。**记住，幼儿对食物的口感很敏感。有些孩子喜欢生脆的西兰花，而有些喜欢烧得软点的西兰花。如果孩子接受某样食物有困难，不用强迫他立马接受，可以过一周左右再让他重新尝试。
- **食物多样化。**让孩子接触各种各样的健康食品，慢慢地他就会喜欢上这些食物。如果孩子对某种食物过敏，可以食用替代食品，一定要提前向儿科医生咨询适合孩子的食物。例如，如果他对面条过敏，就给他吃无麸的糙米面食、藜麦或煮得很烂的土豆块。
- **让孩子产生饥饿感。**孩子积极参加有氧运动，如跑步、户外玩耍，自然而然就会自动调节饮食模式。记得一定要在两餐之间让孩子喝足够多的水。

避免和孩子在食物问题上发生权力斗争，这一点至关重要。“先吃点这个，才能吃那个”是控制孩子选择食物的方式。你可以告诉孩子：“你饿了就吃吧。”确保盘子里的食物是医生推荐的健康搭配，并适合孩子的年龄。

还可以让孩子看你做饭，给你打下手，和他分享你对烹饪的热爱。通过让大孩子参与采购食材和烹饪食物，慢慢培养起他对健康烹饪和饮食的兴趣。你可以每周安排一个空闲的时间，让稍大的孩子负责采购食材计划，同你一起做饭。在你的帮助下，孩子新的技能和兴趣将得到培养。

大力支持孩子的积极行为

> 我们每天晚上 8 点让美玲睡觉，但她经常表现得很烦躁，甚至有时会闹上整整一个小时。这时，我们只能抱着她来回走动。最后，我们决定："把她闹人的时间段记下来，因为这个情况很频繁。"于是，我们做了一些调整，把她洗澡的时间提前到晚上 6–7 点，让她早点入睡。我们惊奇地发现，原来她是因为太累了有些闹觉。只要把她的日程表提前一个小时，情况就彻底改变了。

看到孩子很难迅速适应环境的变化而导致睡眠有困难，或者需要特别的支持时，请找出固定模式，看如何可以改善状况。这时，仔细观察有助于你重新审视自己，看是否忽略了某些因素，有时候只需要简单的评估，就可以找解决方案。

婴儿可能是要感冒了或者要出牙了才会出现类似的情况，所以这时要和儿科医生保持密切的联系。对再大点的孩子，要寻找其疲劳的迹象，可以改变其睡觉时间、睡前常规事项，或者改善其营养状况。也许你发现，孩子和某个朋友一起玩过之后，情绪就不好了；也许，你有时候允许某个行为，有时又不允许，这会导致孩子产生不安和混乱的情绪。一旦你知道发生了什么情况，就可以做出必要的改变，在适当的时候给予孩子特别的支持。

坚持做养育记录,这样你会判断问题是否真的像你想的那么严重。也许你改变时间表，调整某些环境因素，或者换个方式为孩子做准备，孩子便会安然度过。比如，你可能会发现，先陪孩子玩桌面游戏、读书，再让他自己玩，你家学龄前儿童会更愉快地度过上午；把孩子带到户外，在新鲜空气中玩，他午睡会睡得久一些。一些小小的改变常常产生大大的差别。

> 积极寻找能提供线索和原因的模式，从而找到最佳的策略、方法和解决方案。看看环境、日程表、互动项目的哪个部分可以调整。

一旦你发现最有效的方法，及时告诉跟孩子生活相关的其他看护人。从主要照顾者那儿寻求支持，让孩子更容易经历前后一致的行为预期和习惯性的做法。留出时间保持联系，给孩子营造一个积极的氛围，可以跟家人说："我想和大家分享我们的养育目标，感谢你在利亚姆的生活中所起的作用。你对他很重要。我们正在学习有效的行为指导策略，希望大家能一起使用。这些方法,希望和利亚姆在一起的人都可以使用。"同时，你可以用书面形式分享所需的时间表、与孩子相关的事情，以及一份简单的规则和行为预期清单。

如果其他的照顾者说，"我们没有那样带我们的孩子"或"我们做不到那样"，你可以简单地回答，"能从你这儿了解到很多养育孩子的方法，并且可以给到孩子很多选择，这真是太好了。不过，有些事情对我们很重要。我们要在家里做这些事，利亚姆和你在一起时，希望你也能这么做"。你还可以说："为什么不试几天看看呢？如果有问题，就告诉我们。不管怎样，很高兴能得到你的支持，我们不介意过几天再聊聊，看看进展如何。"

如果你把学龄前的低龄段孩子放在某个托育中心或家庭托儿所，一定要搞清楚该机构的纪律和所使用的教学系统；若有顾虑，把你的问题提出来。孩子是否得到了积极体验，体现在孩子是否对机构日常生活和活动有自己的快乐行为和回应。而优质养育的标志，体现在机构与父母有开放的沟通，有以游戏为基础的环境，能大力培养孩子的动手能力，并积极地鼓励孩子去实践学习。

孩子上托班或幼儿园后，你一定要经常参观教室和学校，积极参与园内的家长活动。如果你是家校组织的一员，就尽量利用这个机会。

因为你越了解老师对孩子的社交期望和学习期望，你就越能在家里提供合适的照顾和积极的支持。这种牢固的合作关系对孩子的现在和未来都大有裨益。

如果你对孩子在幼儿园所受到的看护方式感到不适或不满意，请相信自己的直觉，你知道什么最适合自己的孩子，所以有顾虑时马上沟通，不要等待。如果问题很严重并得不到根本的解决，你可以寻找一个更合适孩子的地方。无论怎么样，孩子的幸福和最大利益是重中之重。

第八章

塑造良好的品格

给孩子灌输积极的价值观

> 我希望我的孩子内心充满爱，自尊心强，有强大的身份认同感；我希望他们刚正不阿。但是我担心我把太多注意力都集中在了日常琐碎的事务上，而错失了在他们的生命中传承精神财富的良机。

倘若你要给孩子留下一封充满人生智慧的信，你会写什么？你也许会写道：“这不是钱的问题，也无关掌握最新技术，或者获得优良成绩。真正重要的是能获得更深层次的品质和核心价值观。”我们每个人都有信念，这些信念赋予我们生活的目标和生命意义，象征着我们的身份。就像家族的旗帜或徽章一样，你的孩子将带着你们独特的家族特征而为人所知。把先人示范给我们的精神传下去，尽管这种情况往往发生得自然而然，我们并未多加思考。但是，如果你想把它作为接力棒和优先事项传承给孩子，那你就可以更有目的地培养孩子这些价值观。

假如要你与孩子分享你希望他具备的最重要的三项品质，会是哪三项？如果你性格外向，有良好的人际交往技巧，你可能会说：友善、良好的幽默感、与人相处的能力；如果你喜欢冒险，你可能会说：有毅力、热爱学习、愿意冒险。

通常我们会看重我们具备或者我们希望自身能拥有的特质。大多数父母都希望孩子正直，富有同理心。他们还希望孩子有勇气，能大声说出自己和他人的需要和权利，寻找并发现别人的长处。父母希望孩子拥有这些良好的品格，并以此为目标来指导他们的生活。

意大利教育家玛丽亚·蒙台梭利（Maria Montessori）认为，品格来自体验，而不是来自说教。

孩子会通过观察我们对日常生活的反应，来吸收我们的价值观。看到我们帮别人把购买的日常用品放到车里，他们会明白助人为乐很重要。看到我们温柔地对待自己，尊重自己的需要，孩子也就学到：养育和尊重他们，是自然而然的事

> 如果你想让孩子接触对工作满怀热情的榜样，那么，你可以自己去学钢琴，让孩子感受到你对音乐的热爱；你好好吃饭，好好运动，看着孩子以你为榜样，有样学样。不要把性格品质只挂在嘴上，要把它活出来。

情。我们带着他们一起体验的生活，会是他们相信的事实。

为人父母后，我们大多数人心中重新燃起对信仰的渴求。儿童精神病学家、哈佛大学教授罗伯特·科尔斯（Robert Coles）是普利策奖得主，著有《儿童的精神生活》（*The Spiritual Life of Children*）一书。他认为，孩子对精神的好奇心、对信仰的兴趣是自然发育的一部分，这些为他们提供整体性和内聚力。他提出，父母倾听孩子的问题和疑惑，保持对他们的敏感，这可以让我们了解孩子的内心世界。我们可以让他们主导谈话，以此激励他们发展内在精神的力量。

曾有三分之二的受访父母表示，信仰或宗教背景对他们的养育方式有较大或重大的影响。人们强烈主张应该给孩子建立对他人的责任感和道德理解，塑造能够指导孩子做出人生决策的品格。那些珍视自己丰富信仰经历的人，往往希望自己的孩子能体验他的信仰、歌曲和传统。没有信仰实践的人，往往希望孩子有坚实的道德和文化基础，也许这也是他们平生第一次主动寻求信仰体验，以此作为子女养育的一部分。大多数父母都希望自己的孩子内化优秀的品格和拥有强烈的正直感，并寻找具有这些品质的人，作为自己的榜样。

想想你最欣赏的性格品质，并寻找体现这些品质的朋友，他们会鼓励你把个人成长作为第一要务。你可以抓住机会告诉朋友："我很钦佩你的生活方式。你是如何培养你自己和孩子，并让他们拥有这些品质的？"你可以从他人的观点和经历中学到很多。在向关心你的人敞开心扉的过程中，你将以强有力的方式成长，并深化自己的观点。

孩子在父母无私的付出中获得快乐，他们想再次体验这种感觉。他们知道自己特殊的天赋和才能很重要。他们会寻找鼓励他人的方法，兴致勃勃地把自己的兴趣爱好付诸行动。成年以后，儿童时期的早期经历常常会成为他们美好激情的根源。

教孩子注意他人的感受和需求。可以和孩子经常谈论一言一行带来的影响，要站在对方的角度去考虑他的观点。带着孩子做些关心他人的善举，做一些举手之劳的善行。

激活孩子的同理心

我的三个孩子都不到5岁，但他们对我的期望和意图似乎有第六感。他们看得出我对他们的信任和期待，因此他们会去做正确、善良、温柔的事情。他们可以根据我的声音或者肢体语言，知道我在想什么。我和每个孩子都保持着积极的关系。每次一感到他们的关切，我就会拥抱他们，并立即做出回应。也许今天我看不到他们太大的变化，但他们一直在进步。

同理心是一种能够与他人感同身受的能力，是一种主动给他人以援手的愿望。付诸行动的同理心就是同情。它给孩子力量，助他享受与他人的紧密关系，孩子从中获得深深的满足感，加强自我感觉。一位有三个孩子的妈妈说："我的几个儿子各自得到一碗饼干，一起欢天喜地地跑到走廊那儿坐下来，边吃边聊天。突然，4 岁儿子的饼干碗打倒了，一片都没剩下。但 3 岁的弟弟主动把自己的饼干拿给哥哥吃。我感到弟弟有了深深的同理心。"

孩子天生会关心他人，并会如实地表达自己的感情。看到别人不高兴，他们本能地想给予安慰。在医院里，婴儿听到别的宝宝哭，他们也会哭起来。大点儿的宝宝还会把奶嘴让给哭泣的宝宝。同理心是人与生俱来的特质，但要付诸行动，需要得到不断的支持。

从 4 岁开始，孩子就能意识到别人有不同于自己的感受。这涉及反思自己的想法和感受，以及关注别人的感受的能力。

这并不意味着要求孩子总是把别人的需要放在自身需要的前面，但是进入小学以后，他们需要更多地使用同理心来引导自己的决定。

孩子时常都会在挫折中挣扎，可能会冲动地抢东西、取笑别人、难以做到分享。我们需要付出时间和精力，帮助孩子识别内心的感受，以有助于他们对自己和他人的言做作出反应。孩子需要成人持续的支持，才能保持一贯性。以下策略可促进你的孩子发展同理心。

- **警惕你的言语。**向自己和他人展示同理心，这是你可以发出的最强有力的信息。当事情出错时，你可以说："哦，好难过啊，但我知道下次该怎么做了。"你给出的信息是，"我现在可能感到沮丧，但我还没有情绪失控，我的态度也没有失控"。相反，如果你怨天尤人，或者自我批评，你就等于告诉孩子，你是环境和错误的受害者。
- **向孩子示范用语言描述感情。**用语言描述他人和自己的情绪，帮助孩子识别和理解情感。"乔丹病了，我感到很难过。""奶奶要来，我们都很兴奋。""我们帮爸爸拿东西时，他很高兴。"注意并理解孩子的感情，这是回应感情的第一步。
- **确认孩子感受和看法的合理性，而不是立马反驳和否定他们。**当孩子说："这里很热。"你可能想说："不，不热啊。你跑步了，所以才感到热。"不要否定孩子的知觉，教他相信自己的想法和知觉。最好这样回答："嗯，是的，看你的脸红红的，想必你真的很热。你要不要穿 T 恤？"要保持接受和尊重孩子的真实感受的态度。
- **鼓励有创意的戏剧表演。**儿童心理学研究者发现，乔装打扮、富有想象力的戏剧表演可以增强孩子对他人的同理心和敏感度。让孩子多多参与戏剧表演，扮演不同的角色，这能使他们学会考虑他人的想法和感受。日常生活中，你可以给孩子们提供简单的服装和道具，去帮助他们表演故事，练习社交技巧。
- **积极面对压力。**在足球赛中充当守门员、参加考试、需要准点到达某地，在这些活动中，孩子会体验到压力。但只要积极面对，他们很快就可以从这些日常活动中恢复过来。为了帮助孩子积极地处理压力，你可以帮助他们学习一些应对技巧，比如谈论准备的步骤："比赛前，我可以伸展身体，然后专注比赛，支持我们队。"能先使自己平静下来的孩子，才能把注意力放在他人的需要上。

- **示范减压策略。**告诉孩子你遇到困难的时候是如何应对压力的："我要做几次深呼吸，才能冷静下来。""给我几分钟时间，让我想想我要做什么。"孩子看到你三思而后行，他们也就知道，这种策略能带来好结果。
- **关注他人的感受。**觉察是同理心的第一步。你可以时常问问孩子，"设身处地地想想，你觉得这让他感觉如何？""如果是你，你有什么感受？"
- **示范前瞻性思考策略。**可以在孩子面前不经意地自言自语，说出你的想法，然后再做出反应："我想知道我能说点儿什么，才能让情况好转呢？""我该怎么说，才可以让我俩都高兴起来呢？"

有爱心的孩子能够给予爱和接受爱，也会更具有同理心。你把这种特质作为优先事项时，就会产生惊人的变化。经常和孩子谈一谈个人如何可以改变世界，并且与孩子感同身受，这样他们也会与你有更亲密的关系。

鼓励善良

> 当我希望孩子们心地善良时，我会尽量及时发现他们互帮互助、相亲相爱地对待彼此的情形。“你帮姐姐打扫卫生，这真是太好了。这是两个人的工作，你们一起干可以更快地完成。”谈论此事背后的缘由，会让这件事变得更有意义。

善良需要得到关注才能持续成长。善良的孩子通常都会真心关心他人、真诚表达对他人的爱，他们想尽其所能地为他人提供帮助。

孩子小的时候，你可以告诉他们所做的事可以为世界和他人带来改变，好好培养他们善待他人的意愿。还可以跟孩子谈谈什么是善良，为什么善良很重要。以下是 5 ~ 8 岁孩子对善良的描述。

- 和朋友一起玩耍时，我会优先让朋友选择想听的音乐或者玩他想玩的游戏。
- 我让朋友先选食物，先选座位，或先选睡觉的地方。
- 我本来不想放下书去帮助他，但还是去了。
- 妈妈有很多事情要做的时候，我会主动帮忙摆好桌子，对妈妈表达善意。
- 如果有人用刻薄的言行伤害了我的朋友，我会安慰他，带他去玩。

- 如果有朋友在哭，我会带着纸巾陪着他，直到他感觉好些。
- 如果有朋友忘了带午餐，我会把自己的三明治分给他吃。

成年人经常会给孩子的刻薄言行找借口："他不是故意的。""他一定是累了。"然而，一笔勾销发生的事情会传达给孩子一个错误的感觉：如果我们当下不开心，可以用粗鲁无礼、漠不关心言语和行为去表达。抓住生活中的机会，教会孩子如何体现善意。比如，孩子看到电视剧里的悲惨人物，却幸灾乐祸地大笑时，请你及时指出："我很惊讶，大家都取笑那个女孩。你觉得她是什么感受？你感觉如何？其他人不善良时，你要做个善良的人，体现善意，那得需要决心才行。"

有时候，有些家庭养成了取笑别人的习惯，他们觉得这样的做法无伤大雅，也不会伤害到家人。"你看到米莉姨妈穿的那双滑稽的鞋子没？"——有些人很容易把这样的话说出口，却没想想这种话建立的模式。如果你不同意他人的观点，可以说"有时候，人们有不同的想法。"你可以分享你的观点，或者为你的观点辩护，但不必对他人说不友好的话。成人之间的闲聊话题，尽量避免当着孩子说。

孩子都会在意自己和他人的差异。他们对自己和他人的种族、种族特点、社会经济地位等差异会产生自然的好奇心。同孩子以敏感和理解的态度去积极主动谈论这些话题，而不要等到你听到负面的话语，或者目睹孩子被排斥的行为才采取行动。

> 让孩子无意中听到你对他们的积极评价，指出他们的优良品质，并赞美他们为此所做出的努力和行动。孩子将不辜负你的评价。

孩子表现出善良的品质时，请你及时描述和肯定他们的所作所为。还可以告诉他你观察到的其他人的好人好事。“这么快就学会与哥哥分享了。”“谢谢你今天等着帮爸爸的忙。”你的肯定对孩子建立信心有强大的作用。

激发勇气

儿子和我一起在熟食店柜台前，他发现龙虾在做特价。他说：“爸爸，一只龙虾只要2美元。我能买一只回家吃吗？”我心想：“这是浪费时间和金钱。”但我又想鼓励他尝试新事物，跳出固有思维，所以我还是买了一只回去烧给他吃。我儿子直到现在还对此事津津乐道。他仍然喜欢尝试积极的新事物，去实现他的新目标。我把这看作“龙虾决定”。这是一次很棒的投资。

为了让孩子为青春期做好准备，父母需要给他们灌输一些保证自己人身安全的知识，以及协助他们做出正确决定。你希望他们尝试积极的新事物，拒绝破坏性的选择，能做到这点，往往需要勇气。的确，这个世界充满着危险和诱惑，需要允许孩子去冒险，而父母终将不得不把责任交给他们，但是这种恐惧常常会影响我们的思维和判断。

不要盲目屈从“扫雪机式育儿”——也就是说，不能为了避免孩子受伤害，而把所有的障碍都清除，要让孩子敢于实践，从错误中吸取教训。生活本来充满了挑战，而你希望诸事安好。你怎么决定哪些风险是必须让孩子自己尝试去承担的呢？以下是帮助你增强孩子信心的策略。

- **设定可行目标。**鼓励孩子多尝试新事物。比如，鼓励他们在学校的拼写测试中努力写出更多正确的单词，鼓励他们努力提高跑步的成绩，鼓励他们在数学中探索新的解题方法。如果孩子有畏难情绪，鼓励孩子“万事开头难”，要勇于尝试。没有做过的事情，开始时谁也不一定做得很好。孩子们必须通过学习和多多练习，才能提高技能。
- **和孩子谈谈勇气。**你不能指望孩子战无不胜，永不失败。你需要让他们知道，失败并不可怕。孩子需要有足够的勇气，告诉老师自己出错了，或者向他人请求帮助。他们必须足够坚强，才会告诉朋友自己做了错误的选择，或者能为朋友挺身而出。有时候，即使有些事别人不赞同，他们也需要坚持自己的原则。有些事情的结果可能不如你所愿，你必须向孩子保证，他可以回家和你讨论发生的事情。

- **提前告知孩子可能会遇到的困难。**孩子面临新的环境时，你最好提前和他谈谈他即将会面对的问题。例如，去新学校上学，孩子可能感到害怕。你可以跟孩子谈谈他的恐惧，以及可能遇到的事情：“你必须坐公共汽车去上学。你觉得会是什么样子？”“要不要跟我谈谈你对新学校的感觉？还有什么让你觉得害怕的吗？”孩子可能会说：“我不熟悉环境，我不认识人，我不会回答问题。”这时候及时宽慰孩子：“你要遇到的孩子，是你将来的朋友。”“没人在上学学习之前，就什么都会。”提前聊一聊这些话题可以缓解孩子的焦虑。
- **开诚布公地谈论孩子的恐惧。**小孩子常常害怕去看医生，或者害怕打针，有些孩子在学校或者体育运动时会害怕遭到同学的取笑。或者在生日聚会上，他们可能并不想玩新的聚会游戏，或在陌生的房子里找不着北，会因此感到焦虑，情绪紧张。这些情况，也可能是他们害怕他人对自己的音乐、艺术、运动能力有过高的期望。这时，你可以和孩子聊聊面对新事物时，他应该怎么做。
- **让孩子学会解决问题。**帮助孩子提前思考如何应对挑战。问孩子：

> 给孩子讲个故事，说明一种他可能遇到的情况，例如，“有个男孩发现了一个钱包，里面有钱，他真的很想据为己有。他应该把它带回家，还是把它交到学校办公室，还是问问朋友怎么办？你觉得那个男孩应该怎么做？”

“你会怎么做？如果朋友让你偷拿一包口香糖，你正确的做法是什么？”然后练习这样回答：“不行，我们没有钱。不付钱，我们不能拿。”这样的练习可以帮助孩子做出正确的选择，即使别人给他们压力，甚至没人看见，他们也会如此。

- **让孩子接触英雄或者阅读榜样书籍。**给孩子讲那些做出积极选择，英勇无畏的人或名人的故事，让他们阅读与英雄事迹相关的书籍。或者邀请军人、警察、医务人员、消防队员等服务领域的朋友来家做客。当客人来访时，请他们讲讲他们是如何工作的，或者生活中他们是如何获得勇气的。

让孩子适当地承担一些责任，帮助他们去实践，勇气就会随之而来。当下就是开始加强这些技能的时候。总有一天，你的孩子会长大。帮他们学习了解，并让他们很好地掌握这些规则。然后，当朋友说“快点，冲过这个红灯”时，孩子会有勇气说，“对不起，我要停下来”。

在孩子生命的头8年，如果你们之间进行开诚布公的讨论，这会让他们开始觉得自己可以给这个世界带来改变。他们可以把行动和后果联系起来，将逐渐培养起勇气，并在正确的言行举止中获得自信、兴奋、自豪感。

耐心等待

> 我希望孩子学会做的一件事，就是知道如何等待。我3岁的孩子看到哥哥拿走她的书时，生气地说："当我想要什么的时候，我马上就得要。""耐心等待"不是我们家孩子的一个强项。

孩子们常常需要等待。你需要告诉他们出门的时候，他们要等待；用餐时，他们要等着上餐；下午茶时，他们要等着曲奇饼干凉下来；你忙于工作时，他们要等着你打完电话；你外出办事时，他们需要等你回家。还有，孩子们把玩具收起来，自己完成清理工作，或者先完成手上的事，再开始另一件事，这些事情都需要耐心。如果孩子一无聊，你就立刻把平板电脑放在他手里，那就剥夺了他学会耐心等待的机会，他也不会思考如何静静地自娱自乐。如果你总是忙不迭地给孩子玩具、游戏、零食，你就等于在强化这个观念：等待是一件可怕的事情。实际上，生活中充满了等待，所以，请帮助孩子学会在耐心等待中进行创新和自娱自乐。

> 提前给孩子提示，告知你希望他们展现什么样的行为。让他们知道，你欣赏他们的耐心。

儿童的抑制性控制能力正在发育中。研究者沃尔特·米歇尔（Walter Mischel）在他的著作《棉花糖实验》（*The Marshmallow Test*）中提到，20世纪60年代，他和学生做了一个小实验，要求斯坦福大学幼儿园里4岁的孩子耐心地等2分钟，才能吃棉花糖，并且跟他们承诺，如果等了2分钟才吃棉花糖的孩子，就可以再得到一颗棉花糖。研究结果发现，那些能耐心等待的孩子得到了很多人生的益处。他们延迟满足的能力预示他们在学校能取得更大的成就，智商更高，生活更幸福、更稳定，行为表现更好。增强耐心是我们可以给予孩子最好的礼物之一。帮助孩子了解学会等待的好处。

- 示范你如何克制自己不买东西，省下钱来好等到下个月买票去动物园。
- 向孩子展示你如何烘焙饼干并先把烤好的饼干收起来，等明天有朋友来访时再拿出来分享，而不是现在就吃。
- 跟孩子说，从商店买的东西回到家以后再吃，而不是当时就在车里吃起来。
- 跟孩子谈论，等爸爸或妈妈回家后再拆开快递员送来的包裹。
- 提醒他们，要等过生日的哥哥亲自打开礼物的包装，才能看里面的生日礼物。

- 跟孩子聊聊，家人聚餐时，要等到大家都坐到饭桌边，才能开始吃；等到大家都吃完饭，才能下桌。
- 教育孩子，人不可能想要什么就可以拥有什么，也不可能想要什么马上就有。

随着时间的推移，他们会发现延迟拥有有很多好处，愿意等待的人会遇到更好的事。你可以向他们示范利用等待的时间努力赚钱再去买想要的东西："我也喜欢那套乐高玩具。我有一个好主意，你每个周末帮我在院子里干活，把赚的钱放在罐子里怎么样？等你有足够的钱，就可以买乐高玩具了！"学会等待，并朝着目标努力，这是成长的重要部分。

对于年幼的孩子，你可以通过提示帮助他们记得要等待。比如幼儿喜欢把手指放在头顶上，那么可以将这个手势代表"耐心等待的帽子"。稍大的孩子可以学习手指操自娱自乐，或者通过父母的手势，知道需要等待多少分钟。这是一种亲切又尊重人的提醒方式，让他们知道要有耐心。孩子一旦知道自己的需要会得到满足，就愿意等待更长的时间。到了青少年时期，他们需要更多的等待——等赚钱买喜欢的东西，等得到更多的自主权。儿童早期的等待训练会给他们信心，让他们相信自己可以掌控自己所做的决定。

确保诚实

> 我告诉我的儿子们："我相信你们是诚实的，你们总是对我实话实说。"看到他们和朋友一起在院子里七嘴八舌地谈论着一个问题，我说："告诉我发生了什么事情，我非常乐意听听。"他们便会如实说来。

无论你是独自一人，还是和朋友一起，正直意味着你诚实行事，信守诺言。这意味着你在交易中诚实无欺，并遵循这条黄金准则——按照你希望别人对待你的方式去对待别人。你对孩子说实话表示感谢，这会帮助他们做诚实的人。即使他们当下需要清理一个烂摊子，或者打碎了别人的东西需要赔偿，他们都可以确信，只要诚实，你就会和颜悦色，以尊重的态度对待他们。

斯蒂芬妮·卢（Stephanie Lu）在她的《从说谎的孩子到成功的成人》一文中指出，高智商与编出创意故事的能力有关——这着实令人安心。孩子小时候，有着生动的想象力，会给你讲一些稀奇古怪的故事，什么圣诞节时小精灵来了，或者后院里住着神奇的仙女。这些事情虽然并没发生，但这不是撒谎，它是一种正常而富有想象力的游戏。最好的回答是："啊，我喜欢你的想象力！我很高兴你在想着美丽的精灵。谢谢你告诉我！"此时，最好接纳他们的想象和幽默感。

如果你的孩子不诚实，研究人员对谎言的了解可以帮助你慎重思考你的反应方式。研究者指出,孩子撒谎最常见的原因是想逃避惩罚,所以，你需要用好的方法去教育孩子，而不是施加惩罚。到了三四岁以后，孩子会本能地想保护自己免受惩罚。即使父母看到了某种行为，出于害怕，孩子还是会说“我没拿”或者“我没有打她”。儿童在 3 岁左右就能理解真相和谎话的区别，所以，重要的是你要和孩子谈论讲真话的感觉有多好，以及你多么重视和尊重讲真话的行为。当孩子真的撒谎了,请表现你的体谅:“我知道,承认做错了事很困难。”否则，孩子一旦养成说谎的习惯，就很难改过来，所以要抓住一切机会去引导孩子改正，并感谢孩子讲实话。

出于对后果的惧怕，孩子们常常会对发生的事情编造各种说辞。

有位妈妈说 :“我 7 岁的女儿下巴撞到游泳池边，需要缝针。她害怕自己做错了事被批评，于是她告诉医生，她是被别人推倒的。她说她害怕医生会责备她。”告诉孩子，意外的发生不可避免，当意外真正发生的时候，说出来没事。

研究者还做过一项研究，要求孩子们不要偷看盒子。后来，问孩子们是不是忍不住偷看了，许多人谎称没有。他们不希望研究人员知道他们没有服从要求。这是因为孩子可能没有自制力，没法不做大人禁止他们做的事，他们会为此感到难过，害怕父母生气，或者害怕面对大人的失望。

为了鼓励诚实，你可以问一些能引导孩子合作的问题 :“这是怎么发生的？我们一起清理好吗？”而不是质问：“这是你干的吗？”或者简单地说：“很遗憾发生了这样的事。你肯定感觉糟透了。我们清理的时候，你可以帮我拿着包吗？”让孩子跟你一起解决问题，这样他才可能会告诉你到底真相是什么。

与其指责，不如简单描述你看到的情况：

- “地板上到处都是橡皮泥。这是扫帚和簸箕。”
- “我看到墙上画得乱糟糟的。请在纸上涂画。这块海绵给你用，我用那块。”
- “看得出来你和妹妹都很烦恼。你可以用什么办法解决问题，摆脱沮丧情绪呢？”

责备会引起防御和争论。询问解决方案会引导孩子去解决问题，并增强个人责任感。怀疑孩子没有按照要求做，或者看到他在做你禁止的事情，这时，你不要提出已经知道答案的问题，这样只会导致他撒谎。比如：“你拿了一块饼干吗？”可以换作：“做爸爸要你做的事有困难吗？下次，我们会把饼干放在高处，晚饭后再拿出来。”创造教育时机，而不是指责，这样孩子才会留下持久的印象。

记住，羞耻感不能使孩子关注教训，只会让他的身心专注于尴尬的感觉。相反，跟孩子谈谈对错的差异，帮助他学会尊重他人的物品和边界。此刻的教育将责任转交给孩子，帮助孩子专注于眼前的教训。

孩子说出真相时，确保自己做出非惩罚性的回应，这会强化孩子的诚实。孩子说："我打碎了花瓶。"如果他受到了惩罚，下次打碎了东西以后，他很可能会选择撒谎。相反，孩子打碎东西以后，和他谈谈该怎么办。"打碎别人的东西时，我们感觉很糟糕。我们要格外小心，别去碰。"孩子年龄大一点以后，可以让他做出与年龄适当的赔偿。例如，可以做额外的家务，赚钱买一个玩具赔给妹妹，替换搞坏的玩具。你应该把赔偿当作一件负责任的事情，而不是一种惩罚。

鼓励孩子诚实，父母首先需要以身作则。想想孩子从你身上看到的情况。假如你还没付钱就吃杂货店的东西，或者你借用孩子、配偶的东西之前，忘了跟他们说一声，那么，你就树立了你不希望孩子效仿的负面形象。务必小心，你的行为要表现出对他人的尊重和诚实。以下是另一些强化诚实的重要方法。

- **给予诚实的赞美。**教孩子真实地表达对礼物的看法，比如，"你给我送礼物，真是有心了"，而不是明明并不喜欢，却说"我喜欢这件衬衫"。如果后来你又不小心对这件衬衫做出负面评论，孩子听到了，就知道你没有说实话。
- **尊重真情实感。**幼儿试图夺走一个玩具，打了奶奶的胳膊一巴掌，不要对他说："告诉奶奶你爱她。"而要说："你想告诉奶奶你想留

> 支持伴侣的决定。和孩子谈论一桩特定的事情之前，夫妻之间先通个气，以免传递不同信息。

着玩具，这是可以的，但打人是不行的。”并且你同时也对奶奶说：“很抱歉孩子刚刚打了你。他正在努力学习怎么用语言表达他的想法。”此时，孩子可能还不明白为什么他需要放下玩具，你可以说：“我们得去吃饭了。你想把玩具放在架子上还是放在盒子里？”

- **言行一致，做诚实的表率。**电话响时，不要说谎称某个人不在家，可以简单地说：“对不起，约翰现在不能接电话。”或者说：“约翰在家，但他要一小时后才能回电话。那时再给你打过去，可以吗？”
- **给出真实的理由。**如果你没有按时完成一项任务，不要说“我已经做好了”，然后急急忙忙地赶工，或者找其他原因：“我因为交通堵塞迟到了。”人们欣赏诚实：“我在那个项目上落后了。今天我正在努力。”或者说：“我做不到有条不紊。对不起，我拖延进度了。”
- **做承担责任的榜样。**与其怪别人，或者把原因归咎于别的事情，不如承认自己的责任，比如可以说：“我真的很抱歉，我太过用力，把烤面包机的旋钮弄断了。可不可以用胶水粘好？”而不要说：“那个廉价的烤面包机质量太差了。”
- **教孩子自己承担责任。**让孩子自己决定是否饿了，是否要多吃点，或者是否愿意拥抱一下别人。不要说“拥抱一下米尔德丽德阿姨，跟她说再见”，可以说“我们挥手再见吧”，然后给予拥抱，并说出表达爱意的话语。关于决定吃多少——这些属于孩子自己能决定的范围。告诉孩子，倾听身体的感受，为自己做出正确的决定，这些是他自己的事。这种与自我之间的诚实联系，以及对自身感受的信任，让人保持强烈的敏感。

要做一个诚实的人，这事需要进行练习。诚实的品质像一粒种子一样生长，需要培育、日照、除草，必要时，还要给它打桩支撑。它先是在小地方生长，深深地扎下根去，挑战来临时，就可以迎风屹立。所以你得下定决心向孩子证明，不完美没关系，每个人都会犯错误，但重要的是，孩子们需要听到你坦白和承认事实。然后他们才能明白，照实说话即便暴露了弱点，也不是什么丢人的事。让孩子知道，你无条件爱他们，失败、犯错误都是可以的。他们遇到困难，可以向你寻求帮助，而不是继续困在那里，苦苦地为不辜负期望奋力挣扎。

练习感恩

我不停地纠正孩子们：“好好说那句话，用礼貌的语气询问。”这让我满腹牢骚，他们也如此。我知道我们需要做一些快乐的事，扭转一下情绪。因此我把能想到的所有值得感激的事情都写了下来：丈夫的蓝眼睛、女儿的卷发、儿子的傻笑，还有我们正在吃的美味三明治。然后我问他们觉得有哪些值得感激的事。他们说感激我，虽然这次谈话只持续了一分钟，但它改变了一切。

生活中有很多事情会让你感到失望和挫折，所以你不可能每天都称心如意，事事圆满。但是，你的言辞可以发挥积极的作用，它会影响你情绪的发展方向。寻找积极说话的方式，以此播下感恩的种子，鼓励别人，也能增加你生活中积极的能量。

你对所拥有的一切感到满意吗？你对一些小事也充满感激吗？让孩子听到你说感恩的话，这不仅让周围的人感到安心，也为孩子定下积极的基调。你可能听人说过，现在的孩子觉得轻松地得到一切都是理所当然的。改变孩子对事情“理所当然”态度的最佳方法，就是你对所拥有的一切，怀着深深的感激之情。

> 以积极的方式说明要求，给孩子成功的机会。一定要马上告诉孩子，你多么珍惜并感激他所做的一切。

当抱怨的想法或者消极的自我放纵感袭来，请代之以快乐的感激之情。以下是可以和孩子一起尝试的方法。

- **致谢。**无论你的信仰和背景是什么，吃饭之前和家人一起祷告，或者表达感激之情。这个共同的传统会使你的思绪从繁忙的压力中解脱出来，帮助你专注于家人在一起的时间，并对拥有的食物和生活心怀感激。
- **制作感谢链。**每当某个家人充满爱意，表现善意或对别人说了特别的话语，就在纸链上添加一环。链条的长度到达房间的另一头时，一家人可以举行庆祝活动，去公园野餐，或者去某个地方一起共度时光。
- **做感恩分享。**孩子长大了，有些玩具、玩偶、积木、书不再需要了，可以让孩子整理出来，放在赠品篮里，送给小点的兄弟姐妹，或者给有需要的家庭，或者捐赠给救助儿童的福利组织。这能让孩子心里充满甜蜜的感激之情。最好的方法，莫过于分享快乐。
- **描述感恩的样子。**我们常常泛泛地要求孩子“善待你的朋友”“好好说话”“要感恩”。孩子可能不明白大人的要求到底是什么，可以和孩子谈谈真正的感恩是什么意思，并为此可以做哪些具体的行动。
- **写感谢信。**协助孩子给他的老师或他要感谢的人,写一张感谢纸条。幼儿和学龄前儿童还可以画一幅画，他们会喜滋滋地把画折叠好，塞进信封里寄出去。
- **写家庭感恩日记。**晚餐时，请每个人讲讲今天令他们感激的事，或者发生在他们身边的好事，并把他们的想法记录下来。待孩子学会写字后，他们也会喜欢亲自动笔。

- **给予表扬。**兄弟姐妹之间发生争斗时，让他们每个人说出感激对方的两件好事。在餐桌上，每个人可以对旁边的人说一句赞美的话。
- **保存一个感恩罐子。**有特别的事情发生时，写个条子塞进去。孩子也会喜欢写的。一周后，一起阅读这些条子。有些家庭从 11 月份开始每天写条子，感恩节时拿出来念，你会发现，这是一件令你们愉快又心怀感激的事情。
- **分享甜蜜的梦想。**忙碌的一天结束时，轻声细数这一天令你感激的人和事。可以是祈祷，也可以是简单的对话。“这张温暖、舒适的床多么完美啊，对不对？”“我们在商店里玩得那么开心，我心里非常感恩！”“为爷爷做晚饭，感觉太棒了。”“美妙的摇篮曲伴你入睡，会给你带来甜蜜、快乐的梦哟。”这些感恩的话语会有不可思议的魔力。

感恩好似镜头一样，你可以透过它观察每一种情况。“我想是堵车了。正好可以用这个时间计划一下我们的周末。你想去滑梯公园，还是攀岩公园？”孩子不会沮丧，而是会记住你们在一起的甜蜜时光。

助人为乐

在三个孩子还在学前班时，我们就带着他们去祖母所在的养老院为老年人唱歌。第一年，他们很拘谨、很害怕，不想去，但大家都给他们鼓掌，跟他们握手，对他们表示感谢。就这样，孩子们每年去那儿唱歌的传统诞生了。现在他们还会谈起第一次去的情形，并为此深感自豪。

让孩子参与奉献，比如与邻居分享饼干、帮生病的人跑腿、为有需要的家庭做顿饭等，这样他们会学到奉献的精神。助人为乐的孩子会欣赏和珍惜自己拥有的一切。看到别人需要帮助，他们意识到给予也是一种生活方式。

慷慨的人会想让别人过得更好，并为此心生喜乐。他们常常对帮助他们的人微笑，或者给别人施以援手。这些品质和习惯需要练习，才会逐渐增长。孩子们开始并不总是能理解别人为了帮助他们而付出的时间、努力和技能。他们意识不到完成一项任务是需要做出精细的计划和付出大量的精力，而通过体验为别人付出，他们会获得对方的视角。你可以抽出时间与家人一起参与社区服务，这将对孩子产生终生的影响。以下是影响和帮助孩子开始助人为乐的方法。

- 以一个不经意的善举，给父母、兄弟姐妹、亲戚一个惊喜。你和孩子可以为他们叠衣服、整理床铺，帮他们把杂事做了，或者从图书馆带回一本他们喜欢的书。
- 买份食物，放在救助站、慈善机构等地方的食品储藏柜里。
- 帮孩子挑个玩具或衣服送给贫困的人。
- 捐赠旧衣服或在社区做义工时，带上孩子。
- 为医院或收容所、福利院的儿童制作卡片，或者收集毛绒玩具。
- 儿童节给福利院的孩子们捐赠生活用品，包括新牙刷、个人物品和小玩具。
- 帮外出的邻居取报箱的信件，帮他们喂猫。
- 为有身体残疾的人士跑腿。
- 给生病的邻居送食物，或者他们所需要的东西。
- 带孩子参加步行马拉松或其他社会公益活动。即使是幼儿，也可以放在婴儿车里，推着他参加步行马拉松。
- 给生病的朋友画一幅画，或者写一封信，祝他早日康复。

孩子一开始可能不想付出，但鼓励他们去做意想不到的事，结果会很有趣。在家里，年龄稍大的哥哥姐姐可以帮助弟弟妹妹打扫房间、辅导家庭作业，给弟弟妹妹一个惊喜。兄弟姐妹或父母生病时，孩子可以帮忙照顾宠物，或者做另外的家务琐事，比如，把早餐端到父母床前，留一张特别的纸条，这些行为会成为一个传统，既促进家庭的乐趣和亲密关系，同时也让孩子感受到帮助他人的快乐。

孩子是天然的帮手。请他帮忙，这会引起他对你的支持。帮助他人可以给自己和他人带来快乐，增强感情连接的纽带。

让孩子和你合作

我已经学会不随口允诺孩子，因为我很容易忘记我的承诺。我学到的最重要的教训就是信守诺言。孩子知道他们可以信赖我，所以我只承诺我可以履行的诺言。在说话之前，我必须先想一想，哪些是我真的能做得到的，然后才答应他。

你不能选择孩子将来成为什么样的人，或者喜欢做什么工作。但是，你对自己的生活充满激情，对你关心的活动投入热情时，孩子会看到你的状态，并理解你行动的深层意义。以下是可以影响孩子世界观的具体方法。

- **用积极的真相代替消极的想法，增强信心。**不要说："我做不到！"试着说："我现在可能不知道怎么做，但我会寻求帮助，想出办法的！"

请记住，每个人都需要有归属感和存在的意义。把重要的事情交给孩子做，并提醒他，如果他不做，事情就完成不了，以此方式让孩子产生责任感。通过承担责任，让他感到自己的重要性。

- **及时改变消极心态。**让事情有趣，并刻意为之。仔细听你说的话，如果你意识到自己专注于消极的一面，请迅速朝你向往的积极生活目标调整。养成新习惯需要一定的时间。
- **认识到孩子在一直观察和倾听。**孩子通过你对待他们、同他们说话的方式，学会如何对待自己和他人。所以请你刻意保持耐心。
- **成为一个激励者。**在日常生活中和孩子进行有趣的对话、讲一些笑话，并且表现出满足感，不要一副理所当然的样子。告诉孩子感到悲伤没错，但不要自怨自艾。远离那些让自己觉得是受害者的评论，专注于让好事发生。
- **事情进展不顺时，计划好该做什么。**记住什么对你最重要，你疲累的时候不要做决定，等早晨头脑清醒了再说。最重要的是你看问题的视角。
- **鼓励孩子全情投入。**谨防自己成为一个“包办代替”型家长。不断鼓励孩子为自己和他人做事，鼓励他们利用自己的能力和长处做出贡献。帮助他人会给孩子持久的意义感。

如果你邀请孩子以重要的方式做出贡献，他们就会发现自己对周围人的生活很重要。他们会为自己感到骄傲。在团队合作中，他们培养了自豪感，并体验到与喜欢的人合作的喜悦。孩子们喜欢参与制订计划，组织活动，做决定，参加活动。在你的支持下，他们会渐渐获得积极的习惯和领导才能，这些将成为他们思想和生活的组成部分。

在日常生活中，你有很多机会给孩子塑造积极的性格特征，帮助孩子形成合作精神，让孩子富有同情心、慷慨大方，有创造力、有爱心。你的付出会帮助孩子内化尊重自己和他人的品格，你激发的勇气，在孩子的人生中将留下一份经久不衰的遗产，那就是正直的品格。

第九章

做最好的自己

创建家庭身份

我和丈夫都在家工作，并承担着很大的工作压力，而且我们每个月都要出差几天。但不管发生任何情况，每周四晚上我们都会一起吃饭。我们计划要吃的食物、采购的事宜，以及即将到来的周末和孩子们一起去哪里度假，做什么事情。我们从不忽视这个环节。我们看到了孩子那几天的行为变化，他们非常期待我们一家人在一起的时光。正因为如此，我们才真正地开始把有趣的一日游和活动结合起来。同时，我们有严格的统一就寝安排：洗澡——读书——睡觉。我们保证充足的睡眠才能处理工作，所以，8 点前我们都在床上了！

孩子一出生，大多数家庭都会给孩子的生活倾注充分的爱。父母给予孩子教育、训练，并逐渐启动责任转移的过程，即把孩子的人生责任转交给孩子自己的过程。家庭为孩子在未来的岁月中将面临的决定和挑战奠定了基础。作为父母，需要致力于孩子最重要的需求——与你建立牢固而健康的情感纽带，此时，你将会感到信心十足。

努力为你的家人创造一个真正独特的身份，让大家身处其中，你们将会互相真心喜欢。一位妈妈说："不管是不是弹奏乐器，我们希望我家的几个孩子都能欣赏音乐。所以每次生日聚会，我们都会一起欣赏音乐、一起跳舞。"创造你家特有的传统，这可以给你们带来有趣的回忆。家庭独特的个性和兴趣将影响你们的行事风格和家庭氛围。你可以从以下做法开始。

- **为你的"团队"打造一个家庭象征。**为每个家庭成员统一做一件有独特形象的T恤衫，打造自家的标志或家庭徽章。可以用颜料、标记或手印。这种身份感意味着我们是一个团体。
- **在生日和假期里，享受创意带来的乐趣。**有个家庭分享了这样的创意："我们让孩子们各自用自己的画为祖父母做装饰品、做卡片。这花不了几个钱，每年假期开始时，我们都这样做。"
- **每周享受一次特别的家庭聚餐。**邀请家庭成员参加聚餐，如，周六晚上可以尝试通心粉，放意大利音乐。不管是周五做比萨，还是周三烤奶酪和做番茄汤，重要的是这项活动有可预见性。

- **周六或周日实行早午餐制。**薄煎饼、华夫饼、煎蛋卷，以及亲手制作任何你喜欢的早餐，把餐桌布置得漂漂亮亮的——普通的周末早晨一下变成了特殊的享受。
- **举行年度邻里聚会。**在你的社区或公园里，可以和邻居一起聚餐、吃烧烤，这样的活动可以成为季节转化时的一种固定仪式。即便很小的孩子也能感觉到大家的兴奋。
- **庆祝传统节日。**给孩子讲述自己儿时或者亲朋好友独特的经历，和孩子一起读与你童年有类似经历的儿童故事，还可以尝试传承家庭传统的食谱，或者一起听家乡独特风格的音乐。
- **参加家族聚会活动。**有几个家庭分享了他们的做法："每周日晚上我们都去父母家一趟，孩子喜欢和表兄弟姐妹一起玩儿。""我们每个月与远方亲戚聚会一次。""礼拜结束后，我们会和其他家庭一起吃午餐，或者去公园。"传统的信仰会给孩子提供稳定感与安全感。大家族为成长中的家庭提供持续的力量和支持。

无论住在哪里，你都可以把乐趣最大化。公园、动物园、社区中心、水族馆、附近的滑雪场、自家的后院，都可以给孩子带来神奇的体验。比如，和孩子一起躺在吊床上，盖着毯子，讲一个小时故事；把雪铲开，建一个迷你滑道；用篮子装野餐；在走廊的桌子上铺上床单，造一个堡垒。这些经历会给孩子和他的朋友们提供很多一起谈笑的话题。

童年冒险不一定需要花钱，野营也不需要奢华的装备，你可以带孩子们在户外做棉花糖或在客厅里开个睡袍派对，还可以一起阅读介绍世界各地的书籍，想象你们在旅行，决定去了以后怎么玩。如果天气不够好，可以下雨穿上靴子，在伞下散步，这样雨天也能变得阳光明媚。这些简单的乐趣都可以给孩子留下难以忘怀的记忆。

如果你是上班族，孩子平时是交由别人照看的，你可以提前计划在周末留出时间，和孩子一起分享一个特殊的活动。你还可以给学龄儿童写一张邀请卡，事先放在他们的枕头上，邀请他们一起举行简单的烘焙派对，一起做早餐松饼。你愿意腾出时间与孩子在一起，这才是关键。

一位忙碌的妈妈说："我朋友告诉我，'对啊，就是把孩子带上而已，做了父母后，不会有太多改变'。我一直在想，各种日常例程已经把我搞得焦头烂额，她是怎么做到的呢？我意识到，诀窍是我们自己需要享受各种活动，并与孩子分享。"别坐在一旁只看孩子玩，最好跟他

> 家庭会议给孩子提供了学习如何计划、反思、共情及解决问题的机会。会议要着重于双向交流。多听少说，你从孩子那儿学到的东西，不亚于他们从你这儿学到的东西。

们一起玩。如果你喜欢建筑，可以跟宝宝一起玩积木或者为海盗游戏建一个堡垒，或在后院建一座小屋，让大孩子们参与规划、组织。如果你是个修补能手，可以让他们跟着你，参与到修理家用器具的每一环节。比如，写一张所需材料清单，带上孩子去五金店采购配件。最重要的是孩子和你共同完成任务的过程。

每周安排一个时间，和孩子进行连接和交谈。你们可以围坐在桌子旁或挤在沙发上，谈谈这周各自做了什么事、有什么经历，一起分享新的想法。你可以利用腾出的家庭时间帮助孩子们形成对家庭身份的持久自豪感。比如，让孩子们为周末做活动计划。

牢记你的终极目标

> 我经常听到家长说："我4岁的孩子意志坚强。我希望他站出来，给世界带来改变。我希望他有能力在好事发生的时候说'是'，在情况糟糕无益的时候说'不'。我的任务是教给他做人的智慧，这样他才能知道是非对错的区别，对自己的精力善加利用。"

当事情变得不可把控时，孩子会烦躁不安。这种时候，最好的办法是删繁就简。这样你可以有目的、有效地扭转局面。尝试以下的小窍门可以让你的生活更轻松。

- **明察事理，活在当下。**从迪士尼电影《冰雪奇缘》主题曲中学一招，“随它去吧！”
- **让家务活变得趣味盎然。**孩子房间的衣服堆积如山，好像发生了雪崩似的，这时拿一个大桶、篮子，边把衣服扔进去，边数数。你告诉自己：“照顾好自己可以很有趣！”
- **准备好活动包。**把书、拼图、绘画材料、粉笔、橡皮筋、玩具车、毛绒玩具等塞进包里。在孩子情绪崩溃前，让他进行新的活动。孩子需要有事可做时，他会学着独自去拿那些东西。
- **让孩子给你当小老师。**让孩子教你一门技能，来增加他的生活知识和自信心，如教你摆桌子、叠毛巾、搭积木、玩侧手翻，或者唱歌。
- **给予孩子足够的耐心。**开怀大笑，享受彼此的陪伴。你的善良和耐心能让孩子们做好成功的准备。说话之前仔细观察孩子的表情，看看他有什么需要。如果你看到爱的需要，给他一个拥抱；如果看到的是焦虑，给予他宽慰；如果看到的是百无聊赖，帮他找有意思的事做；如果看到的是情感连接的需要，抽出时间陪伴他。孩子每天都在尽力而为，他需要指导和关心。

父母认为，如果自己经常教导孩子去做正确的事情，好运就会降临。但事实是，生活中处处艰难。我们需要帮助孩子认识到这一点，并让孩子为此做好准备，让他们学会坦然应对他们要面对的挑战和挫折。时常带着孩子在日常生活中发现恩典与喜悦，孩子就会知道如何找到并创造满足感。你稳定的情绪和爱，将帮助他们渡过任何难关。

积极的人际关系能增加心理力量的层次。祖父母、叔叔阿姨、兄弟姐妹、照顾者、老师和朋友结成富有弹性的持久组织，能鼓励孩子在挫折中绝地反弹。还能给孩子灌输信任，并向他们证明，他们可以用健康的方式满足自己的需求。尽管偶有坎坷，良好的人际关系能使人生旅程充满愉快、令人满意。

养儿育女的奇妙之处在于父母也一直在不断地学习。父母是孩子的镜子，所以如果你看到孩子身上有不尽人意的特质或习惯，要考虑一下那是不是出自你的示范。想想自己的行为、言语、态度，努力去示范你希望孩子效仿的言行。我们的语言对孩子有着很大的影响。请在心里牢记，下定决心培养自己的幽默感，并同孩子一起不断成长。

积极养育的核心是尊重孩子的精神，同时，要引领他们经历新生事物，教给他们所需的技能。共鸣式的养育中充满真正的温暖和关心，经历这种养育的孩子觉得自己受到尊重，并会把这种尊重回馈给他人。

积极面对与伴侣的冲突

> 我丈夫经常对孩子们说："这件事做不了，因为我们没那么多钱。"我宁愿他这么说："我们去公园或者别的什么地方吧。"我不希望让他们总是担心钱的问题。我们知道我们需要关注到彼此的需求。

控制你的情绪非常重要。它是处理成人之间差异和分歧的基本前提，并且你要以此教给孩子解除冲突的必要经验。如果你和你的伴侣在同一个地方一起长大，或者有类似的成长背景，冲突可能会少些，因为你们有相似的家庭教养和生活方式。如果你们来自不同的地域，有不同的生活背景，差异可能会比较大。你们各自有什么样的育儿理念？怎么庆祝节日？对金钱、消费、储蓄的态度是怎样的？如何分担家务？怎么应对疾病？在你的另一半做出令你不愉快的事情之前，你可能会认为你们不可能发生冲突。以下小贴士可能对你有所帮助。

- **保持乐观的心态。**你不是唯一面对挑战的人，乐观的心态和幽默可以化解很多挫折。
- **保留私人空间。**保持独立的工作空间，即便只是一张办公桌的范围，这样你也可以高效地自我管理。
- **协商一致。**寻找你俩能达成一致的共同目标。"我希望更整洁一些，但如果你能在星期六前打扫干净，我就不介意。”记住你们属于同一个团队。

- **小心积压的挫折感。**即使有些让你情绪不好的事情，已经持续一段时间，也要等到再次发生时才拿出来说：“我看见你开车进去后没关车库门。这儿太冷了，如果每次进门后立马关上车库门，会好很多的。”
- **小心自以为是的想法。**不要以为别人知道你的需要和内心的想法。你心里可能希望伴侣不等你提出要求就把某事做了，但直接说出你的想法和需求对双方都有好处。“我需要你帮我把箱子拿下来。今天下午或者星期六，可以吗？”不论是在成人关系中，还是在与孩子的关系中，积极选择都很好用。
- **捍卫“我和你”的时间。**每周安排一次约会。可以在家里，也可以外出——但要确保私密的连接时间。这样，你们就有机会享受相互的陪伴，并一起讨论重大的家庭议题。
- **等休息好了再讨论。**夜间的讨论大多都不那么有成效，疲劳是其中一个主要因素。把需要做的计划和担心的事情，留在早晨明亮的阳光下，大家一起边喝着咖啡，边享用着丰盛的早餐时，再来讨论。
- **把家当公司来对待。**想象家里有个摄像机在运行，这样你说话之前会先过过脑子。记住，积极的话语可以很快转变不良情绪。
- **留出冷静的空间。**和家人有轻微异议时，如果能当机立断，那就当着孩子的面处理。如果你觉得需要重新考虑这个问题，就说："等我们有时间考虑之后，再讨论这个问题吧。"这是一个向孩子展示成熟的好方式。

- **和伴侣交谈时，采用"我"开头的句式。**有冲突时，首先陈述问题，描述你的感受，然后给出一个积极而有建设性的改变建议。"你把袜子扔在地板上，我感觉情绪失控，好像我胜任不了家里的清洁工作。我希望你把它们捡起来，放进洗衣篮里。放个篮子在你床边有帮助吗？"说完以后，耐心等待回应，对方的回答可能是"好的，我可以"，或者是"谢谢你告诉我"。

对孩子也可以使用这种有效的方法。"我发现你找不到需要的东西了。要不要我跟你一起整理资料？还是你想自己整理？"坚持当下，保持简单。不要旧事重提，而要专注解决当前的状况。

事情非你所愿时，别说孩子伤害了你的感情。利用你的情绪，让孩子感到内疚，这种做法模糊了界限，不利于弄清楚需要采取的措施，有操控孩子之嫌。不要让孩子因为你的胁迫而改变行为，或者让孩子觉得自己改变行为可以修复你的心情。

> 首先，接纳你真实的感受。其次，提出积极的改变建议。最后，专注当下，对孩子保持关心和联系。

帮助你的孩子学会思考是让生活变

得美好的最佳方法。挫折能带给孩子解决问题的机会，能让孩子负责把自己的事情做得更好。开诚布公的沟通是培养关爱和敏感的健康方式，能让孩子向你展示自身的脆弱、向你敞开心扉，能增强你们之间的沟通意愿和理解。

及时给予鼓励

我不小心把牙刷碰到地上了，我自言自语地说："你怎么啦？"然后2岁的儿子迈克尔将他的小卡车撞到了凳子，上面的杂志"哗啦"掉到地上，我对他说了同样的话："你怎么啦，迈克尔？看好你的方向！"脱口而出的"怎么啦"像是拖得长长的、夸张的呻吟。那一刻，我突然有一种灵光闪现的感悟：我在向他释放一种负面的信息，而我实际上并不希望他感受到这种信息，于是我决心改变。后来迈克尔又闯祸了，我问他："你还好吗？我可以帮到你吗？"我知道我是那个必须改变的人。

有时候，你可能没有意识到你的话带给别人的感受。你可能无意间对自己做的事情做了负面评论："哦，我老是丢三落四。我把那本书放在哪儿啦？"这种说法传达的信息是"我不擅长做这种事"。此时你可以重新组织你的话，把它转换成富有成效的说法，不要责备自己，而是说："我会小心的。等找到书后，我要把它放在桌子上，下次就找得到了。"向孩子表明，尽管你犯了错误，但你仍然尊重自己的价值，孩子会内化这个强有力的信息。

尽可能经常给予孩子鼓励。积极的言语能帮助孩子看到自己的成长，以及取得的成就。

孩子开始尝试新事物时，刚刚有点信心，如果这时有人说他们能干，然后给他们展示能力的机会，那就足以改变他们的人生。孩子需要听到这样的话："你可以做到。""会好起来的。""你会弄明白的。"孩子培养新技能的时候，如果你对他们说积极、鼓励的话语，他们很快就会对自己说这些肯定的话语。

养成积极反馈的习惯，做到这一点需要刻意地练习："你这么仔细地放好你的积木，我很喜欢。""我很欣赏你花这么多时间画这幅画。""非常感谢你帮我捡垃圾。你真是个好帮手。""你能帮我弄一下胶水吗？你很擅长修东西。"这些信息不仅给人留下不可磨灭的印象，而且会修正过去的负面信息。

看到你走进房间，孩子们知道你是来跟他们一起寻开心，听他们说话，享受跟他们在一起的时光，而不是来找毛病的，他们就会满心欢喜。你肯定的话语为孩子们相互之间的交谈也设定了基调。这个方法为你的家庭营造了一个积极的氛围。你甚至可以庆祝初步的成效，即便结果尚在“进行中”。你可以及时说：“你自己做，是不是感觉很好呀？你每天都在进步呢。”你的积极鼓励对孩子将会有持久的影响。

事情出错时，不要感到惊讶和沮丧。如果你一夜没好好睡觉，此时又看到孩子把东西弄得一团糟，宠物狗咬坏了孩子心爱的玩具，更小的婴儿也在嗷嗷叫，这时候请抛开一切——除了安抚孩子和你自己，稍后再来收拾残局。虽然一切都会原封不动地摆在那里，但最重要的是你当下给孩子的感觉。记得尽管有小灾难，也要找到生活中的乐趣。多多拥抱孩子，别的事情随它去。这个时候，孩子会收获很大，他能从你身上学到如何生活。

享受家庭的乐趣

> 我今天在日记里写道：再见，小孩儿床！“圣诞老人”带来了双层床！我们 4 岁的孩子激动极了。看他跑过大厅，激动地跳到床垫上，我想：“时间去哪儿啦？”美好的童年时光飞逝而去。

每天都创造积极的回忆，用强有力的爱和信任的纽带子把回忆连在一起，以此培养你和孩子的亲密关系。把你想和孩子一起做的趣味活动写下来，迅速开启成功之旅。选好几个要去的地方，或者要做的事，然后逐一进行研究。可以跟孩子讨论他想做的事项，并提前计划好随身携带的物品，然后阅读有关你在那里能学到什么知识的书籍。

> 庆祝家庭的欢乐，是保持联结、留下快乐回忆的绝佳办法。

不要只是对孩子说“去找点别的事做”。规划对你和孩子皆有意义，有建设性又有趣味性的活动。你可以从书上建议的一个活动开始，然后提出你自己的想法。

- **一起做晚饭。**筹划你们自己的厨艺比赛，把食物漂漂亮亮地摆在盘子里。孩子们喜欢把面条叠成千层面，用勺子舀上酱汁。还可以用新鲜的水果、蔬菜装饰盘子，或者摆成一个场景或动物形状。还有许多很棒的儿童烹饪书，用起来又简单又好玩。
- **来一天“小鬼当家”。**当家的孩子可以决定一日三餐，计划采购清单，然后可以自己决定要做哪些家务，学习哪一项新技能，或者挑选晚上要看的影片。他也可以选择家人参与特别的活动，比如，决定晚餐时的座次，实施他想到的点子等。让这一天变得不同寻常。
- **烘焙美食。**陪孩子制作有趣的独家食谱。一起阅读烹饪书，测量食材的用量，学习烘烤步骤，这是一个非常棒的学习机会，最后还有美味可以享用。
- **举办游戏晚会。**让孩子自己选择活动，可以做比萨、玩棋类游戏，还可以玩用动作表演的猜词游戏、单词游戏、纸牌游戏、谜语游戏等。

- **做纪念册。**为孩子自己喜欢的活动拍照并制作成影集或剪贴簿，和孩子一起翻看影集不仅有趣，而且可以刷新记忆。剪贴簿是另一种保存记忆的有趣方式。
- **全家一起散步。**晚饭后一家人的散步可以成为珍贵的家庭传统。大孩子可以骑自行车，幼儿可以躺在婴儿手推车里。你边走边和幼儿聊天，效果特别好。
- **享受户外活动。**和孩子一起收集树叶、修剪花草、收集松果、种植香草或者种菜。还可以和孩子一起做一个堆肥罐和回收点。帮助孩子认识、体验自然生活，让孩子去感受大自然是一个积极生活的地方。
- **就地活动。**让孩子参加免费露天音乐会、手工艺活动、街头集市、跳蚤市场等。
- **积极参加活动和运动。**你可以带上年幼的孩子，加入亲子步行、跳舞及唱歌小组。参加一个童车组或者遛狗活动，每周与其他家长见见面。还可以带大点的孩子去溜旱冰、滑真冰、滑雪橇、打保龄球和迷你高尔夫。

> 把“我爱你”的纸条放在出其不意的地方，可以塞进鞋子，搁在麦片碗旁，或者是放在午餐盒里。把你对孩子的爱说出来。

- **跟外界联系。**邀请另一个家庭一起散步、骑自行车，或者去公园。哪怕一顿简单的自带饭菜分享会，也可以快速开启一个新的传统。

留出时间和家人在一起分享快乐，把平常的日子变得特别。和家人一起在厨房刨土豆丝、搅拌食物时，话题自然就出现了。不论是一家人在一起烧烤，准备食谱、食料，还是简单地分享一顿特别的饭，手忙的时候，心就容易敞开。可以在平常的日子里举办聚会，设法表达你对孩子、家人和朋友的感激之情。

了解你的孩子

> 让身边围绕着能带给你灵感的朋友和各种人，忽略社交媒体上那些看似拥有完美生活的人。跟爱笑、乐于享受每一天以及爱你本来样子的人在一起。

许多人喜欢分析自己，这有助于你去了解什么能激励自己，同时让你对自己的人际关系有更好的洞察。你喜欢主动承担责任，还是喜欢退到后面让别人负责？你是不预设目标，喜欢顺其自然，还是提前计划能令你更开心？你喜欢用直觉发现别人的需求，还是直接询问别人想要什么？

也请你好好分析一下你的孩子。你要做敏锐的观察者，看到孩子的优势类型，以便更有效地养育孩子。你女儿可能很外向，能迅速接受新事物，又或者她比较慢热，但善于分析，喜欢在介入之前，先看看情况。养育一个身心健康的孩子，关键在于你需要怀着尊重和敏感之心，观察你自己和孩子的性情。既温和地回应他们的需要，同时也尊重你自己的需要，这样你才可以找到最适合你家的相处模式和养育方法。持续倾听孩子、关注孩子和你自己的关系，有助于你了解孩子现阶段的动态。

你可能希望你的孩子善良、关心他人、有幽默感；你可能希望他有耐心、自信、愿意冒险；你可能希望他体现你身上最好的特质，而不是最糟糕的方面。无论如何，请时刻提醒自己，孩子无条件爱你。他们真诚地爱着你本来的样子，也期待你给他们同样的爱。

花点时间告诉孩子他的特别之处：也许他有幽默感，能巧妙地注意别人的需求，描述细节精准生动；也许他可以边吹口哨边哼歌，筋斗翻得漂亮，擅长化妆、舞蹈；也许他擅长捍卫一个观点，或者出问题时，他能第一个注意到，又或者他善于发现新生事物、新奇状况。这些品质可能在某一天成为孩子生活或事业中的财富。这也是他们对你来说如此珍贵的原因所在。

通常，父母与最像他们的孩子斗争最激烈。但有时，最不像父母的孩子又最让人烦心。辨别你与孩子的差异和相似之处，这有助于你做更周到的考虑，重视孩子及其独特之处。

保持紧密的连接

> 我们从来不用居高临下的语气对女儿们说话，因此她们也尊重我们和其他人。只要我们尊重她们，她们就能感觉得到。她们知道我们在乎她们的言语和感受。这就是爱能抵达的最远的地方。

无论是全职在家、外出上班，还是身兼数职，你都可以有很好的办法和孩子一整天都保持联系。见面时，给孩子一个拥抱或者拍拍孩子的后背，然后与他们共度美好时光。分开时，你也可以通过许多方式提醒孩子，你在想着他们。

一位职场妈妈说：“我下午 5 点到婆婆家接孩子。我总是在 3 点半给他们打个电话。听见我的声音，他们知道我很快要去接他们，时间就会过得很快。即使我出差，我也会在固定时间和他们交谈，从不错过。我们还通过网络视频叙说各自一天的情况。这个联系的习惯，还有给他们打电话的确定性，对我和孩子意义重大。早上说完再见，我总是加一句‘3 点半聊哟’。这让他们很安心。”

以下策略可以有效地帮助你和孩子保持紧密关系。

- **好好利用重新连接的时间。**孩子就像小狗一样，需要即刻关注——就在你回家的那一刻。如果等你换好衣服，回完邮件，再想和小小孩连接，黄金时间就溜走啦。在你进门的那一刻，他们就需要你的注意力，想跟你进行眼神交流。如果你必须听听音乐，或者再绕小区转一圈，才能进入状态——那就去做。孩子期待你一走进家门，就和他们在一起。一定要给他们来个熊抱或使个眼神，给予关注。他们会想把一整天的情况告诉你。
- **充分利用过渡时间。**利用早上开车送孩子、下午接孩子的时间和孩子进行连接，并把这作为头等大事。可以在早上谈谈下午回家后你将和他们一起要做的事；下午，你可以通过电话刻意了解孩子和你分开期间做了些什么事。
- **特别的连接。**送一张谜语卡片或一张照片给孩子，这是一个让你和孩子保持连接的妙方。如果幼儿是由别的人看护，那就给他准备一张你的塑封照片，或者他最喜欢的玩具、毯子。
- **密切关注优先事项。**一位年龄较长的父亲说："如果可以重来，我不会在和孩子吃饭时接电话。"孩子尊重你的需求，但他们不想让手机成为家庭的固定一员。所以跟孩子在一起时，你最好把手机放在看不见的地方，专注于孩子。
- **把工作和家庭分开。**如果你在家里上班或者办公，最好辟出一个单独的区域作为办公地点，而不在家里的其他地方工作。这样孩子就会理解，你在办公区时，就意味着你在上班。这样的物理边界能帮助他们理解你所需的上班时间。然后，尽可能不让孩子在你的办公区域玩耍。如果你需要打电话，可以在你的办公区进行。简单的界限可以带来很大的不同。

- **保持规律的作息时间。**珍视这段时间，用爱、耐心与孩子进行连接。依偎在一起的这段时间，正是孩子们敞开心扉，和你聊聊他们的感觉和想法的好时机。这种做法带来的连接和内心安宁，对你和孩子都好。你也可以把这段时间看作你放松的契机。

和家人正面积极地谈论你的工作。每个人都有不容易的时候，不要把这种感觉带到家里——这一点很重要。抱怨的习惯很容易养成，不要随意向伴侣或朋友抱怨老板、工作量，抱怨开车回家路上遇到的问题，以及其他各种不如意。你的孩子正在听呢。因此，可以让他们听听你的好玩的事、有趣的经历。如果你吃了一顿丰盛的午餐，说说你吃了什么或者谈谈你回家路上的见闻。让你们的交流充满你看到、学到的新事物。孩子喜欢了解你这一天经历的赏心乐事。

不必让孩子知道父母工作不保的隐忧，父母应该保护他们，不让他们为此担忧。他们不需要知道账单付不了，或者你正在为工作心急如焚。实际上从你买东西时的克制，他们也能看得出你的小心翼翼。此时重要的不是跟他们讲述事情如何，而是表现出你对生活的感恩之心，这会给他们留下最深的印象。

你可以以积极的态度对待外出的需要，以此和孩子保持强有力的连接。比如，回家和孩子重新团聚的时刻，可以大声地说："妈妈回来啦！""爸爸回家啦！"这些话语能让孩子感受到即使你和他们分开，你也可以让他们感到被爱，并让他们觉得自己与众不同。

学会放慢节奏

> "快点！快点！"一听到这句话，我就觉得紧张。我们总是还有最后5分钟，我们总是得快点上车。我不停地对女儿们催促："快，快！"这些言语让我们一直处于危机状态，孩子们也慌乱失措。我意识到我必须扭转局面。我们必须摆脱这种戏剧化的模式，提高做事效率。

《还孩子幸福童年：揠苗助长的危机》（*The Hurried Child*）一书作者大卫·燕尔金德（David Elkind）认为，孩子们每日匆匆生活，无法应付的巨大压力导致了持久的危机。他们醒得太早，睡眠不足，一大早被匆匆忙忙送到学校，然后被拖拽着参加一堆的活动。父母可能是好意，但结果是疲惫不堪的孩子和筋疲力尽的家庭，他们追逐着看似令人羡慕的目标，却迷失了生活的方向。

童年时代，孩子需要有大量的空闲时间去开发想象力，发现兴趣爱好，激发生活的激情，并通过不断试错去学习和成长。他们需要躺在地上自由伸展，欣赏天空的云彩，在放松的状态下享受时间暂停的美好感觉。他们需要你的保护，让他们的童年空间免于成人生活压力的侵入。

很多时候，对你所拥有的时间最具破坏性的侵扰，是你在出门时感到的压力。想让事情顺利进行，你需要让心情平静下来，给自己更多的耐心。还可以事前讲几个有趣的故事或聊一些不寻常和有趣的事情，调整你的心情。

一位有两个儿子的爸爸说："我们家没有亲戚家那么富裕。假期他们去了山间小屋，坐摩托雪橇。我们知道我们的经济不允许那样做，但是我们有基本的工具，并且知道如何取乐。我们尽量利用我们的时间创造不花钱的娱乐和回忆。"我们每个人每天同样拥有24小时，我们可以决定如何快乐地度过这些时刻。

放慢节奏，享受和孩子在一起的乐趣。孩子不会记得你为了陪伴他们放弃的那些东西，他们也不在意晚饭后你没有立刻洗碗，他们只记得你和他们一起拼图，一起共度的美好时光。下面分享一些具体的做法。

- **一起去户外散散步。**和孩子一起探索大自然，寻找动物、看看人或各种各样的宠物；一起深呼吸、拉拉手、听听风；把婴幼儿放在手推车里，同样可以带着他们散步，一路看到什么，听见什么，都给他们说说。

- **躺在草地上，看天空的云卷云舒。**谈谈你们各自的发现。
- **读一本书，谈谈里面的图片。**和孩子一起想象：如果可以把书里的物品拿出来，或者可以去书里面的世界玩，你们会做一些什么？
- **垫上毯子，放上枕头，一起躺在地板上。**听着优美的音乐，挠挠孩子的手臂，让手指跟着节奏起舞跳跃，或随着旋律轻轻安抚。
- **给远方你关爱的人打个电话。**如果可能的话，可以通过网络音频、视频聊天，跟你所爱的远方家人聊聊近况。
- **拜访朋友，或者邀请朋友来你家做客。**举办茶话会，让孩子帮你摆出各种口味的饮品，把甜点和零食放在盘子里。还可以给孩子讲讲你的童年故事，让孩子们说说他们长大了想做什么。这个做法的目的是让你放慢生活的节奏，集中精力来让这一天变得特别。
- **花点时间玩耍、探索，重新做回孩子。**享受简单的事物。把你喜欢的活动介绍给孩子，你可以带着孩子一起跑跑、跳跳。鼓励孩子们充分发挥想象力和创造力，让他们有时间体验假想的世界。你还可以和孩子一起玩趣味游戏，无论是贴人

> 花点时间留在当下，全然耐心地专注当下的需要。父母要把孩子的精神需求作为优先事项。

游戏，还是踢球、跳绳、打曲棍球或玩兔子跳，加入他们的活动对你和他们都有好处。还可以和孩子们一起玩装扮游戏，扮演海盗或魔术师，这样做，你和他们都会开心。

每天的这些时刻累积起来，就是你生命的几个星期和几个月。你的孩子会记住你分享的快乐。他们最需要的是和你在一起的时间。但是，如果你不做出有意识的努力，坚决致力于享受和孩子在一起的时间，那么这种留在当下的心态是不可能发生的。

专注积极的一面

> 我想更好地处理我对孩子们的失望情绪。我非常讨厌自己责骂、吼叫的做法。看到他们互相发火，这让我感到内疚。

保留对事情结果的影响力，降低期望值，可能会对你有所帮助，尤其是对于生活中的那些让人感到无能为力的事情。一位有五个孩子的爸爸说："我希望每个孩子都觉得自己是我生活中最美好的一部分，能带给我一天中最开心的时光。我一边左支右绌，要去平衡许多需求，一边想着这种感觉。"有些事情你不能改变，也永远控制不了。但是，

> 以出乎人意料的方式做出反应。讲个笑话，或者做并腿跳。你会惊异地发现，头脑清醒的时候，你可以更好地思考，以更有创意的方法处理事情。

你可以改变你的说话方式，和你对这些挑战的反应。你回应自己的方式会极大地影响到孩子的反应。以下是三个有用的建议，能助你最大限度地影响事态的走向。

- **注意你的言辞。**不要把你所有的想法、感受一股脑地说出来。诚实是好的，但克制自己才能造就最好的养育。孩子不需要知道你冒雨开车时的紧张焦虑，他们不需要知道你的账户上余额无几。他们在享受童年，他们的日子不该被你的忧虑打扰。阿拉伯有句谚语说："除非说出的话比沉默更美好，否则别开口。"以少说多听为目标。因为孩子不是你的朋友，他们是你的照顾对象。你可以把感情和烦恼告诉你的成人朋友，或者你的伴侣。
- **延迟回答。**一般来说，你不需要立即作答。因为孩子精力旺盛，他们的脑袋里充满了奇思妙想。这样说对你会有帮助："这是个好主意，让我想一想。"这样一来，你有时间权衡你的选择，并做出你可以坚持的决定。
- **别把芝麻小事当回事儿。**一位有两个七八岁儿子的妈妈说："我和两个儿子在车上，他们俩脾气可暴躁了。一个抱怨不想为我去跑腿，另一个抱怨哥哥把脚伸到了他的地盘。我觉得很恼火，我早早下班还不是为了带他们去买学习用具。我想对他们大发雷霆，也可以不搭理他们，随他们去。但相反，我说的是：‘奶奶6点来。我们晚餐吃什么呢？’孩子们立马把吵架的事丢到了脑后。他们说很想吃比萨。”事情出错的那一刻，你可以换个话题，别为芝麻小事大动干戈。你可以转移注意力，以此扭转局面。

以开心玩乐的方式去应对僵局，可以让局面瞬间扭转。通过意想不到的举动，你可以把平淡无奇的日子变得不同凡响。一旦你为生活注入快乐和幽默，就可以创造出回忆，给未来的岁月留下回味。

回顾过去，展望未来

有些日子，我觉得凡事好像都没有按照我的计划进行，但我知道儿子们很快就会度过这些不可预知的时刻。我希望享受拥有他们的感觉，立足当下。为了应对挑战，我必须陪着他们，不离不弃。

在你的精心养育下，孩子慢慢长大。待到孩子要离家上大学、上班，这时你会意识到，养育孩子可能是你一生中最伟大的冒险。为了把孩子养大，你学到了好多东西。回首生活的过山车，回想一路的跌宕起伏，既有艰难时日，也有欢乐时光，你会感觉不虚此行。

你的小小人儿真的很出色——婴儿时期，他们有各种奇妙的、让人欢乐的举止；幼儿阶段，他们有充满幽默感的话语和让你欣喜若狂的变化；学龄前，他们有无穷的精力、井喷般的学习力和乐趣。他们以自我的身份进入生活，他们有了自己独特的视角、让人耳目一新的见解和独一无二的个性。你为他们打下爱的基础，帮助他们成为富有同情心、慷慨大方的人。

养育看似是一种永无止境的责任。然而，随着孩子逐渐长大，你会发现，你对养育有了更深的理解。从更深远的意义上看，你将学会如何保护、引导、影响、教导、领导、激励孩子。你从一个新手父母，变成了能干的养育者、导师、教练。你在孩子整个童年时期给他们培养的情感连接和安全依附，是养育旅程中的基石。

这种爱和联系的桥梁给了孩子们一条恒久的回家之路，让他们信心十足地踏上成熟之旅，又能在需要的时候，回归我们提供的安全和支持之中。他们知道自己与家和家人的联系始终如一，永不改变，你将永远地支持他们。

只要孩子对归属感和重要感的需求深深植根于你们的家庭，未来的十几年里，他们就会有安全感。他们曾与你经历了一段积极的亲子关系，因此他们明白安全、被保护和被爱的感觉多么美好。未来他们也会寻求与他人建立这种关系，他们也能够付出这种爱。当你到达养育旅程的终点时，期盼着令人兴奋的功成身退，这个视角可以让你松一口气，并让你的眼光不离前方的地平线。但在你紧紧抓住扶栏的时候，不要忘记更广阔的画面——生命的道路还在不断地向前延伸。

瞄准未来，继续前行

> 我们陷入了日复一日的匆忙之中，我真的怀疑所有的努力是不是都有用。我希望孩子们学习的东西，他们是否有学到一点儿。那天他们和我妈妈一起出去。我妈妈后来在电话上告诉我："奥布里模仿你的一言一语。你可能没有意识到，但她就是这么做的。我们做午饭的时候，奥布里一遍又一遍地对我说，'我妈说要这样做……我妈说要那样放'。"妈妈提醒我，孩子在关注我的一言一行，它并不因为我没有马上意识到，就不会生根发芽。

和他人在一起的生活可能会很复杂，所以我们对彼此需要拥有同理心，说善解人意的话语真的很重要。你要让你的家成为一个给人生命活力的地方，让这里充满始终如一的关爱和善良。同时要教导孩子，爱能倍增、累加，而不会扣除、分割。要知道，你日复一日地这样做，正是在塑造孩子的人生。

在你为未来的几个月、几年思考、谋划时，一定要知道，每一刻都为你提供了一个重新开始的机会。满怀激情地与孩子们一起成长吧，去设定新目标，带着目标和远见向前迈进。虽然你不能决定未来，但可以为自己和孩子把今天变得更好。

当孩子遇事挣扎时，让他们从你的脸上看到希望、爱和信心，而不是恐惧、担忧。因为他们在建立自信心时，会借用你的信心。你表示赞成和接受的话语能让他们相信：他们能做得到。

困难时刻来临，你这样的话语将改变孩子人生的方向："等你渡过难关以后，你将拥有好多新技能。""对于如何做个好朋友，你学到了这么多方法。""我为你处理这种情况的方式感到骄傲。"一旦你意识到培养和赋能孩子的过程必须从你开始，你就达到了育儿历程中最难以置信的关键时刻。这种无私的爱和奉献，只有身为父母才能做到。你有能力为孩子开辟一条铺满祝福的道路。这些将让你的家充满欢笑，让孩子的心充满有耐心的爱。你也将继续前行，给孩子留下一份无穷的力量和安全的遗产，给孩子的一生提供源源不断的动力。